ESSAI

SUR

L'ART DE LA GUERRE,

TOME SECOND.

ESSAI

SUR

L'ART DE LA GUERRE,

Par M. le Comte **Turpin de Crissé**, *Brigadier des Armées du Roi, & Meſtre de Camp d'un Régiment d'Huſſards.*

Vis Conſilî expers mole ruit ſuâ. *Hor. Liv. 3. Od. 4.*

TOME SECOND.

A PARIS,

Chez { **Prault** Fils l'aîné, Quai de Conti, à la Charité.
{ **Jombert**, Imprimeur-Libraire du Roi, rue Dauphine à l'Image N. D.

M. DCC. LIV.

AVEC APPROBATION ET PRIVILEGE DU ROI.

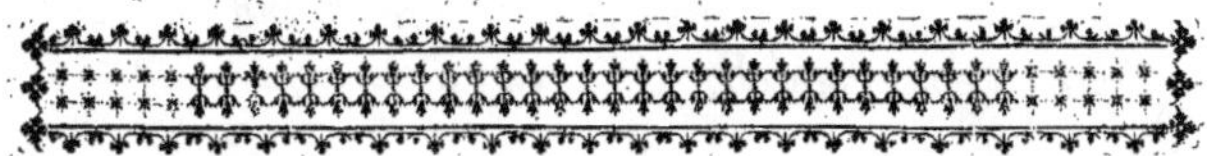

TABLE

Des Chapitres contenus dans le second Tome.

LIVRE TROISIÉME.

Tome II. a

LIVRE QUATRIÉME.

LIVRE CINQUIÉME.

Fin de la Table des Chapitres du ſecond Tome.

ERRATA.

PAge 15. *ligne* 20. lieux fermes, *lisez* fermés.
Page 97. *ligne* 15. l'enlevement quartiers, *lisez* des quartiers;
Page 101. *ligne* 3. de deux armes, *lisez* des deux armes.
Idem, *ligne* 9. qui font de l'autre, *lisez* à l'autre.
Idem, *ligne* 19. forces ne, *lisez* & ne.
Idem, *ligne* 20. tombant, *lisez* tombe.
Page 111. *ligne* 16. avec une connoiffance, *lisez* avoir une connoiffance.
Pape 115. *ligne* 5. ou trois fauffes, *lisez* & trois fauffes.
Page 135. *ligne* 24. lon peut faire, *lisez* l'or put faire.
Page 157. *ligne* 1. dans les joucs, *lisez* dans les joncs.
Page 169. *ligne* 24. elle fervira ou, *lisez* ou elle fervira.

LIVRE

LIVRE TROISIÉME.

O N a parlé jufqu'ici de la défenfe & de l'attaque ; on a établi des principes, def- quels on a fait dériver d'autres principes, & l'on a tâché d'appliquer des exemples à ces mêmes principes. La connoiffance du païs, dont on a fait voir la néceffité dans le premier Chapitre de cet Ouvrage, eft la bafe du premier & du fecond Livre ; elle s'étend encore fur ce qui refte à dire dans les trois livres fuivans ; il eft des principes qu'on doit fuppofer & qu'il n'eft pas néceffaire de remettre tou-

Tome II.   A

jours devant les yeux d'un Lecteur intelligent, il en
eſt d'autres auxquels il faut le ramener ſans ceſſe.

Ceux qu'a donnés Montécuculli, ſont très-ſûrs &
très-ſçavans ; mais leur briéveté fait qu'ils échappent,
& qu'ils ne laiſſent appercevoir qu'une partie des inſtructions que donne ce grand Capitaine. Les Réflexions de Santa-Cruz ſont ſolides ; mais peut-être rēn-
ferment-elles quelquefois des détails inutiles & des
exemples qui paroiſſent trop éloignés. M. de Feuquieres parle ſçavamment de ce qu'il a vû & de ce qu'il a
exécuté lui-même, mais il ne porte pas ſes vûes au-delà ;
cependant ſon Ouvrage renferme des inſtructions très-
ſolides & propres à former un Homme de Guerre.
le Chevalier Folard ne laiſſe rien à deſirer, il a tout
traité, tout approfondi ; mais un eſprit ſiſtématique
qui donne quelquefois des conjectures pour des regles, & les productions d'une imagination brillante,
à la place de vérités fondées ſur l'expérience, n'eſt
pas toujours un guide infaillible. Le Duc de Rohan
dans ſon Parfait Capitaine, a réuni dans un petit
nombre de pages des clartés lumineuſes, & s'il n'a
fait qu'effleurer les matieres à meſure que les lui pré-
ſente l'Auteur qu'il prend pour modele, il les a du
moins effleurées en juge impartial & en maître.

Le Maréchal de Puyſégur, dans ſon Art de la
Guerre, a mis en exécution des principes qu'il avoit

puifés dans les Auteurs dont il donne les extraits. Il a
fait des marches, des ordres de bataille & plufieurs
manœuvres fçavantes; mais chez lui prefque tout eft
fondé fur une hypothèfe. La Guerre de Paris qu'il
fuppofe, eft conduite avec toute l'intelligence d'un
grand Général; tout Officier qui veut s'inftruire, y
trouvera fans doute les maximes les plus folides,
mais il feroit dangereux de les appliquer à tous les
cas.

Dans les opérations qui reftent à examiner, on ne
s'étendra pas autant qu'on l'a fait dans ce qui précéde,
parce que les Quartiers & les Cantonnemens dépen-
dans des circonftances, de la proximité de l'Ennemi
& de la fituation du terrein, ces circonftances une fois
prévûes, il ne refte plus que des opérations purement
méchaniques & que l'ufage apprend mieux en deux
Campagnes, que des préceptes multipliés en plufieurs
volumes.

Les regles des cantonnemens, dit le Maréchal de
Puyfégur, * font purement dans l'imagination, &
n'ont rien de fixe; il a cependant entrepris de les réduire en regles.

** Art. de la Guerre, Part. 2. Ch. 5. art 3.*

La premiere, eft qu'aucun Quartier ne puiffe être
attaqué fans être foutenu des autres.

La feconde, eft qu'on doit choifir un lieu, dont
l'affiette puiffe être avantageufe pour le Champ de
bataille.   A ij

La troisiéme, que ce Champ de bataille soit placé de maniere que toutes les Troupes puissent y être rendues long-tems avant que l'Ennemi puisse tomber dessus.

La quatriéme, qu'il ne faut ni trop étendre ni trop resserrer l'Armée dans ses quartiers.

Il indique ensuite les précautions qu'on doit prendre dans les Quartiers voisins de l'Armée ennemie. C'est sur ces principes qu'on s'est guidé dans le Livre suivant.

CHAPITRE PREMIER.

De la distribution des Quartiers & Cantonnemens d'une Armée.

LORSQUE la Campagne est finie, la premiere attention d'un Général doit être d'établir son Armée dans des Quartiers sûrs & hors de toute insulte, ce qu'il ne peut faire, s'il ne les distribue de façon que chaque Arme puisse se secourir mutuellement. Si la Campagne a été heureuse, le Général en prenant ses Quartiers dans les païs conquis, veillera à la sûreté de ses conquêtes, & soulagera d'autant son propre païs ; si au contraire elle a été malheureuse, il

doit prendre garde en établiſſant l'Armée dans ſon
païs, que les Quartiers ſoient ſi bien diſtribués, qu'ils
le couvrent ſans cependant occuper trop d'étendue de
païs. De quelque étendue que ſoit le païs qu'on
veut garder, conquis ou non, on doit tâcher d'appuyer les Quartiers à-droite & à-gauche d'une Place
de Guerre, & couvrir d'une Riviere, autant qu'on
le peut, le front de la premiere ligne.

On ne prendra jamais de poſition bien juſte ſi l'on
ne connoit parfaitement le païs : ſi dans quelque païs
que ce ſoit, l'on ne diſtribue ſes Troupes de maniere
que l'Ennemi ne puiſſe tenter la moindre entrepriſe ſans qu'on en ſoit averti, & avant même que les
Troupes ayent le tems de ſe raſſembler pour s'y oppoſer.

Si le Général établit ſes Quartiers dans un païs conquis, il a bien plus de précautions à prendre que s'il
les établiſſoit dans tout autre païs, parce que dans ce
cas, il ſe trouve plus près de l'Ennemi, qui ne ſera
jamais tranquille & ſur lequel on doit toujours veiller. De plus il a toujours à craindre les habitans qui
ſont toujours plus naturellement portés pour leurs
premiers Souverains que pour le Conquérant, à moins
que l'humanité n'ait fait oublier les horreurs que la
Guerre entraîne preſque toujours avec ellé, & que par
une diſcipline exacte, le Général ait acquis à ſon

Maître des Sujets fidéles. Si la diftribution des Quartiers eft bien faite, & que chaque arme puiffe voler au fecours l'une de l'autre, l'Armée n'eft pas moins en fûreté que fi elle avoit plufieurs Places devant elle; ainfi elle peut facilement fe refaire des fatigues de la Campagne, les Troupes fe recruter & être exercées.

Parmi tous ceux qui ont indiqué des moyens d'af-fûrer des Quartiers, Montécuculli & le Maréchal de Puyfégur paroiffent avoir donné les plus juftes.

** Ch. 4. art. 5. Liv. 2.*

» Il faut, * dit le premier, établir fes Quartiers & *
» fes Cantonnemens auprès de quelque grande Ville,
» & les couvrir, s'il fe peut, d'une Riviere en indi-
» quant les Quartiers de façon qu'ils puiffent fe fecou-
» rir en les couvrant par des Détachemens en-avant;
» en mettant des Gardes aux ponts & paffages par où
» l'Ennemi pourroit venir, en rompant les gués, afin
» qu'il ne puiffe y paffer pour venir les inquiéter, &
» leur couper par fes Partis les vivres ou fourrages,
» autant que faire fe peut; les fourrages qu'on tire
» du païs, doivent être mis dans les lieux formés en
» magafins.

** Art de la Guerre, part. 2. ch. 5. art. 5.*

» Dans quelque fituation, dit M. de Puyfégur, *
» qu'on cantonne une Armée, le Cantonnement doit
» être fait de façon qu'aucun Quartier ne puiffe être
» attaqué fans être promptement fecouru des autres;
» il faut, autant qu'on le peut, choifir une affiette où

» l'on puisse, en cas d'allarme, mettre les Troupes en
» Bataille, & où elles soient obligées de se rendre au
» premier ordre, placer le Champ de Bataille ou la
» Place d'armes générale, de sorte que les Troupes
» puissent y être rassemblées, avant que l'Ennemi ait
» le tems de tomber sur les Quartiers ou Cantonne-
» mens, ce qui dépend de la distance de l'Ennemi &
» de celle de la Place d'armes générale des Quar-
» tiers. De plus, avant de séparer l'Armée, on doit
» savoir à quelle distance est celle de l'Ennemi, & si
» par le chemin qu'il a à faire pour venir attaquer les
» quartiers, il lui faut plus de tems qu'à l'Armée can-
» tonnée pour rassembler ses Troupes & tomber sur
» les Quartiers.

Tels sont les principes de ces grands Hommes ;
mais quoique les précautions qu'ils indiquent, regar-
dent une Armée entiere, l'on peut cependant les appliquer à des Quartiers particuliers d'Infanterie, de
Cavalerie, de Hussards & de Dragons, supposé que
ce soit un Corps séparé de l'Armée qu'on veuille cantonner.

On ajoutera seulement quelques autres précautions
qu'il paroît nécessaire de prendre encore : si l'on couvre le front d'une Riviere, il faut faire occuper les
ponts par de l'Infanterie ; ceux qui paroîtront inutiles,
les faire rompre pour ne pas multiplier les Gardes &

fatiguer inutilement les Troupes ; retrancher ceux qu'on jugera à propos de conferver, prendre garde aux gués qu'il faut faire garder ou rompre, placer de diftance en diftance des poftes le long de la Riviere & des fentinelles entre chaque pofte, qui puiffent fe répondre l'un à l'autre, & furtout ne jamais oublier que l'Ennemi eft près, ou du moins le fuppofer affez vigilant pour faifir toutes les occafions, & faire en peu de tems beaucoup de chemin.

Les Villages qui font fur le front de la ligne des Quartiers, doivent être occupés par de l'Infanterie entremêlée de quelques Régimens de Huffards pour aller journellement à la découverte ; les Patrouilles & les Détachemens, qu'on doit fans ceffe envoyer en avant & fur les flancs, fuffifent pour mettre en fûreté les Quartiers, & pour empêcher l'Ennemi d'en approcher pour les furprendre ou pour les reconnoître.

Les Quartiers font des lieux de repos uniquement deftinés pour rétablir les Troupes ; ainfi les Détachemens ne doivent point être forts. Leur but n'eft point d'attirer l'Ennemi au combat. Ils ne font envoyés que pour découvrir fi l'Ennemi projette quelque entreprife, pour l'empêcher de tomber fur les Quartiers avant qu'on en foit inftruit. Ainfi des Détachemens de dix ou de quinze hommes fuffifent : fi l'on en employoit un plus grand nombre, les Huffards fatigués pendant

l'hyver

l'hyver ne pourroient être en état d'entrer en Campagne en même tems que les autres Troüpes.

Le reste de l'Infanterie sera distribué derriere la
premiere ligne entremêlée de Dragons, ce qui formera la seconde & la Cavalerie sera derriere cette seconde pour être à même de soutenir les deux premieres. Il faut observer de mettre quelques Régimens de
Dragons sur les aîles de la seconde ligne. Dans quelque païs que soient établis les quartiers, l'Infanterie
doit toujours être en premiere ligne ; mais à portée
d'être secourue promptement par la Cavalerie : cette
derniere Troupe qui ne peut presque point servir dans
un païs de bois & de montagnes, y est plus en sûreté
en troisiéme ligne, parce qu'elle est défendue par l'Infanterie, & elle est à portée de la joindre, si par la
situation du païs elle pouvoit lui être nécessaire.

Cette Infanterie & ces Dragons en seconde ligne,
& la Cavalerie en troisiéme, doivent être toujours sur
leurs gardes & aussi vigilans que s'ils étoient en premiere ligne. On ne se repent jamais à la Guerre de
trop d'exactitude ; à moins qu'elle ne soit si outrée,
qu'elle fatigue les Troupes inutilement. Quelque art
que l'on employe à bien distribuer les Quartiers, ils ne
sauroient être en sûreté si la vigilance & la discipline
ne regnent parmi les Troupes. Il en est de même des
Quartiers mal pris & dont chaque arme ne se soutient

Tom. II. B

point ; quelque vigilance que l'on apporte pour leur fûreté, ils font toujours expofé à être attaqués & même enlevés.

** Hift. de M. de Turenne. Tom. 1. Liv. 3.*

En 1652, * dans le tems des derniers troubles de la France, le Vicomte de Turenne & le Maréchal d'Hoquincourt, qui commandoient l'Armée Royale, ayant paffé la Loire fur le pont de Gien, & la Cour vers le commencement d'Avril, ayant féjourné dans cette Ville, l'Armée fe partage en deux : M. de Turenne va fe pofter à Briare, & M. d'Hoquincourt à Blaineau ; ils ne gardent que l'Infanterie avec eux, & difperfent la Cavalerie en des endroits où l'on peut trouver des fourrages. Le lendemain M. de Turenne étant allé dîner à Blaineau avec M. d'Hoquincourt, & ayant vû la difpófition de fes Quartiers, ne put s'empêcher de lui dire qu'il les trouvoit bien expofé, & qu'il lui confeilloit de les rapprocher. M. d'Hoquincourt n'ayant pas fait attention à cet avis, M. de Turenne de retour à fon pofte, apprit la nuit fuivante, que le Prince de Condé avoit forcé la garde avancée de M. d'Hoquincourt & pénétré jufqu'aux Quartiers les plus éloignés de fon Camp : ce Prince lui en enleva cinq l'un après l'autre, força l'Infanterie à fe renfermer dans Blaineau, pouffa la Cavalerie à trois ou quatre lieues vers la Bourgogne, & fans la bonne difpofition de M. le Vicomte de Turenne & le pofte avantageux qu'il prit & qui arrêta M. le Prince de Condé, le Roi auroit rifqué d'être enlevé, ainfi que toute fa Cour.

En 1702, * l'Armée de France ayant mal pris fes Quartiers auprès de Crémone, celle de l'Empereur trouve le moyen d'avoir des intelligences fecrettes dans cette Ville, & d'y faire entrer cinq à fix cens hommes qui fe tiennent cachés jufqu'au jour de l'exécution ; elle paffe à-travers les Quartiers de l'Armée Françoife, trop éloignés les uns des autres, & peut-être dans une fécurité profonde ; & la garde d'une porte ayant été furprife par les fix cens hommes qui étoient déja dans la Ville, elle lui eft ouverte ; mais la valeur & la vigilance des Troupes Françoifes & Irlandoifes font manquer l'entreprife du Prince Eugene, qui eft obligé de fe retirer après avoir perdu la moitié de fes Troupes.

* Hift. du
P. Eugene,
Tom. 2.

Si en 1652 M. le Maréchal d'Hoquincourt eût fuivi les avis du Vicomte de Turenne, fes Quartiers n'auroient point été enlevés par le Grand Condé & fa Cavalerie pouffée jufques dans la Bourgogne : tant il eft vrai qu'on ne peut prendre trop de précautions pour affûrer une Armée dans fes Quartiers, & que, quelque expérimenté que foit un Général, il doit être en garde contre la préfomption, & ne point négliger les avis fages qu'on peut lui donner.

B ij

Si l'Armée de France en 1702 avoit pris ſes Quartiers comme elle auroit dû les prendre, peut-être n'auroit-elle pû empêcher que les Généraux de l'Empereur n'euſſent des intelligences ſecrettes dans Crémone ; mais certainement les ſix cens hommes qu'ils y firent entrer, n'auroient pû paſſer : à plus forte raiſon le Corps que conduiſoit M. le Prince Eugene n'auroit point traverſé les Quartiers François : & certainement ce Prince étoit trop verſé dans l'Art de la Guerre pour tenter une telle entrepriſe, s'il n'avoit trouvé jour à réuſſir.

Ces deux exemples prouvent la néceſſité de ne point donner trop d'étendue aux Quartiers d'une Armée ſous prétexte de vouloir garder plus de païs, ou de mettre les Troupes plus à leur aiſe.

Plus on garde de païs, moins on eſt en force ; & par conſéquent moins en état de s'oppoſer aux attaques que l'Ennemi pourroit tenter ſur quelques Quartiers : ce n'eſt que la connoiſſance exacte du païs & celle de la poſition de l'Ennemi qui peut les faire prendre juſtes, & ce qui les aſſûre, eſt la diſcipline exacte qui eſt obſervée.

**Extrait tiré d'un Manuſcrit de la Biblioth. de M. le Prince de Condé.*

Les Cantonnemens que Monſeigneur * prit en 1694, entre Sambre & Meuſe pour faire ſubſiſter ſon Armée, & pour être à portée de la faire marcher en un jour à Gemblours, ſont un exemple où tous les

Militaires trouveront à s'inftruire folidement de tout
ce qui regarde cette partie.

Son Armée compofée de quatre-vingt Bataillons
& de cent foixante-quatorze Efcadrons, gardoit la
Sambre depuis Landrecy jufqu'à Namur, & la Meufe
depuis Namur jufqu'à Charlemont ; l'Infanterie étoit
en premiere ligne diftribuée le long des deux Rivieres, la Cavalerie étoit difperfée dans les villages derriere l'Infanterie ; il y avoit des poftes d'Infanterie
entre chaque Quartier fur le bord des deux Rivieres,
qui affuroient la communication entre chacun, pour
établir fur les derrieres la communication entre chaque
Quartier de Cavalerie, & affurer les chemins ; il avoit
placé des poftes de vingt-cinq Maîtres, plus ou moins,
felon le befoin qu'il crut en avoir, qui communi-
quoient enfemble.

Pour faire fubfifter fon Armée fans la fatiguer, il
établit des Magafins dans différens endroits, les Quartiers les plus proches de Landrecy alloient prendre le
pain & le fourrage à Landrecy, les plus proches de
Maubeuge, à Maubeuge ; ceux qui étoient fur la Riviere d'Heure & aux environs, alloient prendre le
pain & le fourrage à Charleroy, ainfi des autres qui
étoient fur les ruiffeaux de Gerpines, de Preffe & de
la Foffe jufqu'à Namur, & de Namur à Charlemont.

Lorfque des Cantonnemens font bien pris, non-

feulement l'Armée y eft en fûreté , & fubfifte facilement fans être fatiguée ; mais encore il eft aifé de
la raffembler en peu de tems, où l'on veut , pour
camper.

Monfeigneur réfout d'aller camper en un jour à
Gemblours, & de-là de fe porter en avant pour obliger M. le Prince d'Orange à refter derriere les Gettes ;
il raffemble fes Cantonnemens en un jour en deux
points ; la partie qui étoit du côté de Landrecy , Ma-
rolles , Maubeuge , Charleroi , Gerpine & Prefle ,
marche pour aller camper de l'autre côté de la Sambre à Gilly , proche de Montigny-fur-Sambre : celle
qui étoit du côté de Charlemont , Namur & fur le
Ruiffeau de la Foffe , marche & va camper à Ham-
fur-Sambre ; c'eft de ces deux points que Monfeigneur fit partir le 15 de Juin fon Armée fur fix Colonnes pour aller càmper à Gemblours.

Il faut obferver pour les Cantonnemens les mêmes
regles dont on a parlé pour les Quartiers.

On càntonne une Armée ou au commencement ou
à la fin d'une Campagne. Au commencement , quand
un Général trop éloigné du païs où il veut porter la
Guerre , fait fortir de très-bonne heure fon Armée de
fes Quartiers , & la fait avancer fur la frontiere pour
être prête à marcher au premier ordre , & pour camper fur le païs ennemi , ainfi que fit Monfeigneur ;

fi la faifon n'eft pas encore affez avancée , & qu'on
veuille donner à fes Magafins le tems de fe former
derriere foi, on fait cantonner fon Armée, & on doit
obferver les mêmes regles que pour les Quartiers ,
fuivant la nature du païs & les projets qu'on veut
exécuter.

On cantonne une Armée à la fin d'une Campagne ,
quand elle a beaucoup fouffert , foit par des Siéges ,
foit par une Bataille , que la rigueur de la faifon
ne permet plus de laiffer camper les Troupes , & que
cependant il eft néceffaire de refter en préfence de
l'Ennemi à caufe de fon opiniâtreté à refter , ou parce
que, fans fatiguer l'Armée, on veut l'engager à s'éloigner pour pouvoir prendre des Quartiers d'Hyver dans
ce même païs. En général les Cantonnemens doivent
occuper moins de terrein que les Quartiers , par
conféquent les Troupes doivent être plus raffemblées,
& au cas que l'Ennemi forme un projet d'attaque , on
doit reconnoître un Champ de Bataille où toutes les
Troupes fe rendent au premier ordre.

Il eft des occafions où l'on ne fait cantonner qu'une
partie de l'Armée , & celle qui a le plus fouffert pendant la Campagne ; mais il faut toujours que cette partie cantonnée foit à portée de fe joindre promptement
à celle qui eft campée.

Voyez la Planche vingt-troifiéme.

CHAPITRE II.

En quoi consiste la sûreté des Quartiers.

Pour s'assûrer de tous les avantages qu'on veut retirer des précautions dont on a parlé dans le Chapitre précédent, après que les Quartiers auront été disposés comme on l'a marqué, des Détachemens de Huffards ou de Dragons doivent aller au-delà de la Riviere qui couvre les Quartiers pour battre le païs, le fouiller exactement & pour empêcher l'Ennemi, toujours attentif à profiter de la moindre négligence, d'approcher des Quartiers : s'il n'y a point de Riviere, & que l'Ennemi puiffe venir facilement jufqu'à la premiere ligne des Quartiers, ces Détachemens doivent être plus multipliés, mais jamais en force, parce qu'ils ne font envoyés que pour avertir & non pour fe battre.

Si, comme on l'a dit, on coupe les ponts qu'il y a de trop fur la Riviere, on doit laiffer dans l'étendue de la ligne trois ou quatre Paffages qui foient bien gardés par de l'Infanterie retranchée pour faire fortir les Détachemens & les Patrouilles, & pour laiffer paf-

fer

ser les fourrages qu'on doit toujours, autant qu'on le peut, tirer du païs ennemi.

Il est inutile de mettre des Gardes à cheval devant chaque Quartier ; les Troupes seroient aussi fatiguées que pendant la Campagne ; les Patrouilles qui doivent être continuelles en-dehors le long de la Riviere & les Détachemens de Hussards en-avant doivent suffire pour les assûrer ; cependant il est des occasions où il est nécessaire d'en placer ; lorsque rien ne couvre les Quartiers, & que l'Ennemi en est si près, qu'il peut facilement inquiéter les Troupes, ce qui les fatigue-roit beaucoup ; alors il est prudent d'y mettre quel-ques Gardes de Cavalerie ou de Dragons ; mais les Hussards doivent toujours être en-avant en Détache-ment. Ces Gardes à cheval recevront & protégeront les Hussards au cas qu'ils soient repoussés. Elles doi-vent être assûrées elles-mêmes par un poste d'Infante-rie qui sera placé en-dehors de chaque Village sur le-quel elles se retireront. Il ne faut cependant placer ces Gardes à cheval que dans une extrême nécessité ; c'est à la prudence du Général d'en décider ; la situa-tion du païs doit regler l'éloignement ou la proximité qu'elles doivent avoir entre elles pour être à portée de la Garde d'Infanterie qui sera retranchée : on peut seulement placer plus en-avant le petit Corps-de-gar-de, afin qu'il puisse découvrir de plus loin.

Tom. II. C

Si l'étendue du terrein qu'on a à garder, exige deux Gardes, elles doivent être placées de façon qu'elles puissent se voir pour avoir la facilité de se retirer ensemble sur le poste d'Infanterie ; si la situation du païs est telle qu'elles ne puissent s'appercevoir, il faut au moins que les Vedettes le puissent pour pouvoir s'avertir.

Les précautions dont on vient de parler, ne sont bonnes que dans les occasions où l'Ennemi est assez près pour inquiéter les Quartiers, & ne doivent point être une regle générale pour toutes les dispositions qu'on pourroit faire : il suffit pour l'ordinaire des Détachemens & des Patrouilles qui doivent se retirer sur les Quartiers gardés par l'Infanterie qui y est retranchée, d'autant mieux qu'il est rare que pendant l'hyver on fasse monter des gardes, & même que l'Ennemi soit si près que les Détachemens de Hussards ou de Dragons ne soient pas suffisans.

Il n'y a gueres de villages qui ne soient environnés de jardins ; ces jardins de hayes vives, de planches croisées l'une sur l'autre, de fossés ou de terres relevées qui forment un parapet ; il y en a plusieurs dont les avenues sont fermées par des barrieres ; au défaut de ces défenses on peut se servir de gros madriers ou de chariots, ensorte qu'il est facile de mettre ces Quartiers au moins hors de surprise, surtout étant gardés

par de l'Infanterie ; pour les mettre encore plus en état
de se défendre , on peut créneler les maisons qui sont
aux avenues du village, & à ces avenues faire des coupures qui en rendent l'accès plus difficile à l'Ennemi·

Dans chaque Quartier, soit en premiere , seconde
ou troisiéme ligne, il doit y avoir une Garde des Troupes qui y sont logées, & un Piquet prêt à marcher
au premier ordre. Le poste des Gardes qui sont dans
le quartier de la premiere ligne , est derriere les barrieres ou coupures à la prudence de celui qui commande dans chaque Quartier : on doit observer la
même chose pour la seconde & troisiéme ligne : les
Piquets doivent être sur la place rassemblés & séparés
du reste des Troupes qui ne sont point de service pour
être plûtôt prêts à marcher ; c'est dans ces occasions
qu'il est essentiel de bien connoître le païs ; alors on
sait par quel chemin l'Ennemi peut le plus aisément
tenter l'attaque des Quartiers : avec ces lumieres on
peut prendre des mesures justes pour s'opposer à ses
efforts sans trop fatiguer les Troupes.

On peut doubler pendant la nuit la Garde des Quartiers les plus exposés & qui sont en premiere ligne ,
si l'on est près de l'Ennemi ; les Patrouilles de Hussards ou de Dragons doivent toujours marcher pendant
ce tems, & ne rentrer qu'après le Soleil levé.

Si l'on a avis de quelque entreprise de l'Ennemi sur

un ou plusieurs Quartiers, dans l'incertitude de ceux qui seront attaqués, la moitié des Troupes de chaque Quartier doit être sur les armes, & le reste doit être prêt à les prendre; les Commandans des Quartiers de la seconde & troisième ligne seront avertis de se tenir prêts à marcher à un signal convenu, comme deux coups de canon, si l'Ennemi attaque la droite; un, si c'est la gauche; trois pour le centre, & quatre s'il y a plusieurs attaques. Pour cela le Général doit donner des ordres précis, & par écrit sur les manœuvres que chaque Troupe doit faire & sur les endroits où elles doivent se porter selon les circonstances & les signaux qui auront été donnés.

Si l'on sait ou que l'on soupçonne que l'Ennemi ait dessein de venir en force pour attaquer tous les Quartiers, toutes les Troupes, au signal convenu, se rendront à leurs Places d'armes particulieres, & de-là à la Place d'armes générale ou au Champ de Bataille. Le Général doit y être rendu le premier pour y donner ses ordres.

Si la position des Quartiers de la premiere ligne est bonne, & qu'en la renforçant de l'Infanterie de la seconde ligne on la rende avantageuse, il est inutile d'en choisir une autre; mais si par l'étendue des Quartiers les Troupes, quoique bien distribuées relativement aux Quartiers, n'étoient pas assez réunies pour être en force étant attaquées, c'eſt alors que la Place d'armes générale eſt néceſſaire pour les raſſembler toutes dans l'ordre qui leur aura été donné.

Lorſque toutes les Troupes ſeront ſous les armes, qu'elles ſeront prêtes à recevoir l'Ennemi, & que toutes les diſpoſitions ſeront faites, le Général doit faire marcher en avant un gros Détachement de Cavalerie & de Dragons precédés de Huſſards, pour aller reconnoître l'Ennemi de près, & recevoir les petits partis qui ſont en avant qui ſeront certainement repouſſés : celui de Cavalerie ou de Dragons protégera la retraite des Huſſards, au cas que l'Ennemi ſoit en force. Ce dernier Détachement ne doit pas trop s'éloigner du Corps de l'Armée, parce que ſa deſtination eſt pour protéger celui des Huſſards & non pour ſe battre : l'Officier, commandant les Huſſards doit examiner à-peu-près la force de l'Ennemi, ſa diſpoſition dans ſa marche, & l'eſpece des Troupes qui marchent à lui, s'il y a de la Cavalerie, de l'Infanterie & de l'Artillerie ; ſur cet examen il doit envoyer inſtruire le Général de l'Armée de tout ce qu'il a reconnu, qui ſur ſon rapport, prendra les meſures les plus promptes & les plus juſtes.

Il arrive ſouvent que lorſque l'Ennemi ſe voit découvert, & qu'il trouve des meſures bien priſes contre ſes projets, il ſe retire, parce qu'il n'étoit venu

que dans l'intention de reconnoître ou de furprendre ;
alors le Général qui doit avoir pour premier objet d'ê-
tre tranquille dans fes Quartiers fans chercher à attaquer
l'Ennemi dans fa retraite, le fera fuivre feulement par
le gros Détachement de Huffards qui a été d'abord
le reconnoître, & le fera foutenir par le Détachement
de Cavalerie ou de Dragons. Les Huffards peuvent
attaquer l'Arriere-garde s'ils en trouvent le moment ;
mais ils ne doivent le faire, qu'autant qu'ils voyent
devant eux, ni même le fuivre trop loin, pour n'être
pas attaqués par l'Arriere-garde qui certainement les
chargeroit, fi s'éloignant trop des Quartiers & du
Corps de Cavalerie qui les foutient, ils fe mettoient
hors de portée de recevoir un prompt fecours, enfuite,
parce qu'ils pourroient tomber dans quelque embufcade : en effet il peut très-bien arriver que l'Ennemi
foit venu pour y attirer quelques Troupes.

Lorfque les Huffards auront fuivi l'Ennemi affez
de tems & affez loin pour être affûrés de fa retraite,
ils laifferont les Détachemens qui étoient en avant
pour l'obferver & pour continuer leur découverte,
& ils reviendront avec la Cavalerie qui avoit marché
pour les foutenir, dont ils feront l'Arriere-garde.

Si au contraire le Général voit que l'Ennemi foit
réfolu de l'attaquer, alors il s'avancera lui-même pour
le reconnoître, changera fa difpofition fur celle de

l'Ennemi, ou fi celle qu'il a déja, eft bonne, il gar-
dera la même & l'attendra ainfi.

Une Armée a un grand avantage, lorfque la premiere ligne eft femée de Villages retranchés & bien
gardés, qu'elle eft foutenue par de la Cavalerie & par
des Dragons, & furtout, lorfque celle qui vient attaquer, eft à découvert; quand même celle-ci feroit
fupérieure, il ne s'agit que de ne pas fe laiffer furprendre, de ne pas occuper un trop grand front,
afin que les Troupes étant plus réunies, foient plus en
force, & que chaque arme puiffe fe foutenir facilement l'une & l'autre.

C'eft dans cette occafion qu'il faut marquer de l'audace; cette fermeté en imprime fouvent, & la bonne
difpofition que l'Ennemi voit dans les Troupes prêtes
à le recevoir & à lui livrer le combat, lui fera peut-
être abandonner fon projet d'attaque, & laiffer les
Quartiers tranquilles.

Il y a fouvent des Quartiers particuliers qu'on eft
obligé de féparer, foit par la difpofition du païs, foit
pour garder une communication, pour tirer des fourrages & pour établir, quoique pendant l'hyver, des
contributions fur le païs ennemi; ce font ces Quartiers qui étant plus expofés, fixent l'attention de l'Ennemi qui tâche de les enlever : celui qui les commande, doit fuivre en général les mêmes regles qu'on

a données ci-deſſus , ſoit pour l'attaque , la défenſe ou la retraite, s'il eſt attaqué par des forces ſupérieures ; mais il ne doit prendre ce dernier parti qu'à la derniere extrémité , & ſe le ménager en tout événement par ſa vigilance , & par les mêmes précautions. qu'il prendra pour ſa défenſe & pour n'être jamais ſurpris; ſi l'Ennemi eſt trop fort, & que la valeur ou les meilleures diſpoſitions ſoient inutiles , il vaut mieux prendre le parti de la retraite que de s'opiniâtrer dans un combat inégal ; mais on ne doit ſe retirer qu'après avoir tenté le ſort des armes & avoir donné le tems aux Quartiers voiſins de venir au ſecours.

Il eſt ſouvent plus glorieux de faire une retraite à-propos que de battre l'Ennemi : il y a de l'imprudence à garder un poſte, quand la ſupériorité de l'Ennemi ne laiſſe aucun eſpoir de le conſerver ; une valeur féroce eſt plus dangereuſe qu'une timidité ignorante. Pouvoir ſe retirer ſûrement , & attendre l'Ennemi dans un mauvais poſte ou trop foible pour lui réſiſter , c'eſt incapacité ; être battu à force égale , & dans un bon poſte en ſe défendant vaillamment, c'eſt céder au ſort ; l'être en faiſant une molle réſiſtance , c'eſt céder à la crainte.

M. le Comte de Lorges , qui commanda l'Armée après le malhenr qu'eut la France de perdre M. de Turenne, montra plus de capacité par la retraite qu'il

fit ,

fit, que s'il eût attaqué les Ennemis ; cette retraite étoit un hommage au génie supérieur de M. de Turenne , & qui marquoit la modestie d'un grand Homme ; ce n'étoit ni timidité ni incapacité de sa part, puisqu'il chargea les Troupes Impériales , qui vinrent attaquer l'Armée Françoise dans sa retraite, avec une valeur digne du Héros qu'il remplaçoit dans cette occasion. Sa retraite lui fit plus d'honneur que si, n'écoutant que son courage & la gloire de commander en Chef, il eût attaqué les Impériaux & qu'il les eût battus.

M. de Lorges ne connoissoit point les desseins de M. de Turenne qui avoit été seul reconnoître les Ennemis, & qui n'avoit trouvé qu'une issue favorable pour les attaquer , & au lieu d'attendre le succès du hasard, il se contenta de mettre l'Armée en sûreté.

CHAPITRE III.

De la vigilance que chaque Commandant doit avoir dans son Quartier ou Cantonnement.

LORSQU'A la fin d'une Campagne , la saison est si rigoureuse qu'on ne peut plus rester campé , il faut songer à mettre l'Armée en Quartier. On

Tome II. D

peut d'autant plus aisément prendre ses mesures pour leur sûreté, que l'Ennemi qui se trouve dans les mêmes occupations, ne laisse rien à appréhender, ou s'il suit l'Armée après qu'elle aura décampé, ce sera plûtôt pour être assûré de sa retraite que pour l'inquiéter dans sa marche. L'Armée arrivée dans ses Quartiers, chaque Troupe entrera dans celui qui lui est destiné; ensuite le Général prescrira à chaque Officier commandant dans les Quartiers, ce qu'il doit faire, les précautions qu'il doit prendre pour n'être point surpris, & la promptitude avec laquelle il doit l'envoyer avertir à la moindre connoissance qu'il aura de l'Ennemi ; tout Officier commandant doit toujours être sur ses gardes, & sans laisser appercevoir à l'Ennemi trop de méfiance, il doit prendre toutes les précautions nécessaires pour n'en être point surpris, & pour éloigner de lui toute idée d'attaque, & au surplus se conduire pour la sûreté d'un Quartier, comme s'il avoit à veiller sur plusieurs.

Dès que les Troupes sont entrées & établies dans un Quartier, celui qui commande doit en reconnoître tous les dehors, & se décider par cette connoissance sur les endroits où les postes sont les plus nécessaires, pour les y placer ; ensuite il marquera une Place d'armes ou rendez-vous général, afin que les Troupes puissent s'y rassembler au moindre avis que l'on aura des mouvemens de l'Ennemi, afin de pouvoir marcher promptement & au premier ordre du Général. Personne ne doit sortir du Quartier, sous quelque prétexte que ce soit, sans une permission du Commandant. Si l'Officier donne lui-même l'exemple de cette exactitude, le Soldat ne murmurera point de la séverité de la discipline, les Troupes qui sont dans les Quartiers seront de même qu'au Camp, par chambrées ; le Commandant tous les jours soir & matin, s'en fera donner le rapport par les Officiers de chaque Troupe.

Un Officier Major sera désigné pour faire chaque jour la visite des chambrées, outre celle que chaque Officier de Compagnie doit faire, dont il rendra compte au Commandant, qui de son côté doit tous les jours visiter les postes à pied ou à cheval, afin de sçavoir par lui-même si tout est dans l'ordre. Dès qu'il aura tout examiné, tout reconnu, qu'il aura rectifié tout ce qu'il pourroit avoir trouvé de défectueux, il en ira rendre compte au Général, ou si par la proximité de l'Ennemi, ou par l'éloignement du Quartier général au sien, il y avoit quelque risque à s'absenter, il suffira d'envoyer au Général un Officier Major, pour lui rendre compte de son Quartier. Tous les Commandans de chaque Quartier observeront le même ordre, tant ceux qui sont sur les derrieres, que ceux qui sont le plus exposés.

D ij

Régle générale : il est indispensable d'avoir toujours des Détachemens en avant ; c'est par-là qu'on af-
fûre les Quartiers, ou du moins qu'on les met à couvert de toutes surprises ; ce détail n'appartient point
au Commandant particulier de chaque Quartier, il
est du ressort du Général qui ordonne ; les autres ne
font qu'obéir : cependant comme il est à présumer
qu'on peut être attaqué, on doit prendre toutes sortes de précautions pour n'être pas surpris ; le devoir
du Commandant particulier est de veiller à la sûreté
intérieure du Quartier, & celui du Général de pour-
voir à la sûreté extérieure, sans négliger l'intérieure.

Des esprits paresseux que cette multiplicité de précautions arrache au repos, murmurent quelquefois
contre le Général, & l'accusent d'inquiétude. Les Officiers doivent réprimer dans les Soldats ces reproches,
qui ne déshonorent que ceux dont ils partent ; mais
le Général ni le Commandant ne doivent s'y arrêter
que pour les punir lorsqu'ils éclatent. La gloire du
succès qui ne peut manquer de suivre ces précautions, les dédommage assez de ces lâches impu-
tations.

Ce n'est ni la multiplicité des gardes, ni leur force
souvent embarrassante, qui font la sûreté d'un ou de
plusieurs Quartiers ; c'est la façon de les disposer &

de les adapter à la situation des lieux. En effet de quel uſage ſeroient des gardes extrémement fortes, mais qui par leur éloignémént des autres, n'en pourroient être ſecourues? Au lieu que des gardes placées à une diſtance raiſonnable, ſe raſſemblent toutes au premier ſignal & compoſent une petite Armée, qui ſemble renaître à meſure qu'elle eſt attaquée. Les Détache-mens qu'on envoye en avant, la diſcipline exacte des Troupes & la vigilance des Chefs, ſont les ſour-ces des ſuccès les plus glorieux.

Plus l'Ennemi paroît tranquille, plus on en eſt éloigné, & plus il faut être ſur ſes gardes. La ſécu-rité qu'on fonde ſur l'éloignement, eſt toujours dan-gereuſe; ſouvent cette feinte tranquillité de l'Ennemi n'eſt qu'une ruſe pour ſurprendre, pour battre plus ſûrement, & qui entraîne avec ſoi la déroute de plu-ſieurs Quartiers.

En un mot, c'eſt au Général à donner ſes ordres pour la ſûreté de chaque Quartier. Un Commandant particulier n'en eſt que l'organe & l'interprête; mais il doit être fidéle à exécuter à la lettre ce qui lui ſera ordonné; plus il paroîtra avoir du goût pour ſon mé-tier, & plus les Troupes qui ſont ſous ſes ordres lui obéiront avec confiance.

CHAPITRE IV.

De la Place d'armes particuliere pour chaque Quartier.

LA Place d'armes ou rendez-vous, eſt un lieu où toutes les Troupes doivent ſe raſſembler en cas d'alerte.

La Place doit être déſignée ſelon la ſituation du terrein, & ſelon l'eſpéce de Troupes qui ſont en Quartier dans le Village. Dans un païs de plaine, la Place d'armes eſt facile à choiſir, parce qu'on a tout le terrein qu'on veut, ſi le Village eſt ſur le bord d'une Riviere, & que cette Riviere ſoit entre l'Ennemi & les Troupes en Quartier, elle doit être indiquée dans la plus grande rue, ou ſur la Place pour l'Infanterie, afin qu'elle puiſſe ſe porter enſemble ſur le bord de la Riviere, & s'emparer des maiſons les plus proches qu'on doit avoir crénelées. Si au Village il y a un pont retranché au-delà de la Riviere, la Place d'armes doit être la même ; mais en cas d'attaque, on doit renforcer la garde du pont & la rafraichir de tems en tems ; ſi c'eſt dans un païs de montagnes, elle doit être indiquée ſur un terrein où les Troupes puiſſent facilement ſe rendre & de-là s'emparer des poſtes re-connus : ſi c'eſt de la Cavalerie qu'on ait dans tous ces païs indifféremment, il faut établir la Place d'armes, autant qu'il sera possible, sur le front du Quartier ou sur le terrein où elle peut se rendre plus facilement, pour marcher de-là à la Place d'armes générale. De l'Infanterie qui est dans un Village, peut aisément se défendre pendant un certain tems & attendre du secours; il n'en est pas de même de la Cavalerie; ce n'est pas que la Cavalerie n'eut la même valeur & qu'elle ne pût mettre pied à terre, mais l'espéce d'armes & le défaut d'usage, feroit qu'elle ne chargeroit, ni ne tireroit pas aussi promptement, & il est assûré que, malgré toute la valeur de cette Troupe, un Village qui feroit attaqué par de l'Infanterie, feroit très-mal défendu par de la Cavalerie & bientôt emporté; il paroît plus simple de faire monter à cheval & de se porter à la Place d'armes indiquée, pour de-là marcher à la Place générale, après qu'on aura cependant fait retirer tous les équipages, qui doivent ainsi que toutes les Troupes, avoir un lieu désigné pour s'y rassembler au premier ordre.

Comme il n'y a point à craindre d'être surpris après avoir pris les précautions dont on a parlé pour assûrer les Quartiers, chaque Commandant aura le tems de faire charger les équipages, & de les faire marcher à l'endroit marqué pour la réunion.

Cependant on doit observer que si ce Quartier est

occupé par de la Cavalerie, la Place d'armes ne doit point être indiquée fur la place ou dans les rues, à caufe de la confufion qu'entraîneroient les Troupes qui viendroient s'y joindre, furtout fi les rues étoient étroites, ce qui eft très-ordinaire dans les Villages: autant qu'on le peut, il faut éviter le défordre & il ne manqueroit point d'en arriver, par l'empreffement de chaque Cavalier à monter à cheval; il y a bien moins d'inconvéniens avec de l'Infanterie, qui eft plûtôt fous les armes, qui fe réunit plus vîte & qui eft d'abord prête à marcher. Avec de la Cavalerie, le défordre feroit encore plus grand fi l'Ennemi venoit attaquer pendant la nuit, ce qui arrive ordinairement; mais il feroit toujours moindre s'il n'y avoit que de l'Infanterie. Si dans ce Village il y a des Dragons, comme ils peuvent faire le fervice à pied, ils doivent obferver la même regle que l'Infanterie. Pour les Huf-fards au lieu de fe retirer à la Place d'armes générale comme la Cavalerie, dès qu'ils feront inftruits que l'Ennemi eft en marche, après avoir fait avertir tous les Quartiers & le Général, ils doivent s'affembler à leur Place d'armes particuliere, & de-là marcher en avant pour reconnoître l'Ennemi, pour protéger les Détachemens qui étoient en avant, pour tâcher d'ar-rêter l'Ennemi quelque tems, afin de donner au Gé-néral celui d'affembler fes Troupes & de faire fes difpofitions.   On

On ne s'étendra pas davantage fur cette matiere,
parce que le lieu de la Place d'armes dépend totalement du terrein, de l'efpéce de Troupes qui font en
Quartier dans chaque Village, & furtout de la prudence du Général & de chaque Commandant particulier. Il fuffira d'ajouter qu'avant tout il faut s'être affûré des moyens de la retraite : c'eft une régle inva-
riable qu'on ne doit jamais marcher en avant, établir
des Quartiers, des Cantonnemens & faire aucune efpéce de manœuvre de Guerre, fans affûrer fes derrieres & fans les avoir reconnus.

CHAPITRE V.

De la Place d'armes générale pour plufieurs Quartiers.

IL eft effentiel, pour établir des Quartiers, de connoître à fond la pofition de chaque Village enfermé dans fes Quartiers, afin de fçavoir quels font
ceux qui font plus ou moins expofés aux courfes de
l'Ennemi.

Plufieurs Villages peuvent être entourés d'un côté
par une riviere ou par des canaux, d'un autre côté
par des marais, de forte qu'ils ne laiffent qu'une entrée à l'Ennemi, alors la Place d'armes générale pour

toutes les Troupes, doit être marquée vis-à-vis cette entrée ; mais on doit faire son possible pour rendre cette position aussi avantageuse que le terrein pourra le permettre, &, autant qu'on le peut, il faut appuyer la droite ou la gauche à quelque marais ou à quelque Village ; s'il y a deux Villages qui servent d'appui aux deux aîles, ils doivent être remplis d'Infanterie & retranchés, comme on l'a déja dit : si l'on peut appuyer la droite à une Riviere & la gauche à un marais, cette position est très-bonne, parce que les lignes en bataille sont plus fortes en Infanterie. Il faut prendre la Place d'armes de façon à ne pouvoir être tournée, & que l'Ennemi ne puisse présenter un plus grand front que celui qui lui est opposé.

Voyez la Planche vingt-troisiéme.

L'assiette du païs doit servir de régle pour la disposition des Troupes ; s'il est de plaine, l'Infanterie doit être dans le centre, la Cavalerie sur les aîles, le tout sur deux lignes, avec une réserve derriere, composée de quelques Brigades d'Infanterie & de tous les Dragon : Si c'est un païs entremêlé de broussailles & de petites plaines, il paroît avantageux d'entremêler la Cavalerie de pelotons d'Infanterie : lorsque c'est dans un païs de montagnes, comme la Cavalerie ne peut être d'un grand secours, on la mettra derriere, comme fit Amilcar à la Bataille de la Hache, contre les rébelles d'Affrique ; mais on ne peut donner que des régles générales : la situation du païs & les circonftances décident toujours de l'arrangement & de la manœuvre des Troupes.

On n'a déterminé plus haut la place des Huffards à la premiere ligne avec l'Infanterie, que pour avoir moins de chemin à faire pour les patrouilles, pour les Détachemens qui vont à la découverte, pour marcher plus promptement en avant à la premiere nouvelle de l'Ennemi, & afin de donner aux Troupes des Quartiers, en l'arrêtant & en l'amufant quelque tems, celui d'exécuter les ordres du Général ; lorfque celui qui les commande jugera que les Troupes font rendues à la Place d'armes générale ou fur le Champ de bataille, il doit fe retirer. Selon l'ordre du Général & la fituation du terrein qu'occupent les Troupes, il divifera fes Huffards en deux Corps ou reftera en un feul, & fe placera fur les flancs, pour empêcher l'Ennemi de tourner le Corps de Bataille, & pour pouvoir prendre même l'Ennemi en flanc lorfqu'il attaquera. Si c'eft dans un païs de montagnes, après qu'ils auront reconnu l'Ennemi & qu'ils auront tâché de retarder fa marche, ils fe retireront avec la Cavalerie, parce qu'ils ne feroient plus d'aucune utilité.

Cette retraite des Huffards devant l'Ennemi peut fe

faire d'autant plus aifément, que le Général doit faire
avancer les premieres Troupes de Cavalerie ou de
Dragons qui fe feront rendues à la Place d'armes générale, pour les foutenir ou pour les aider à repouffer
l'Ennemi s'il n'eft pas en force.

Il peut arriver auffi que ces Quartiers foient dans
un païs découvert de tous côtés, & difpofés de maniere que l'Ennemi puiffe attaquer celui qu'il juge à propos. Alors il faut que toutes les Troupes, foit en premiere ligne, foit en feconde & en troifiéme, ayent
la même vigilance & la même exactitude pour fe garder, que fi elles étoient feules.

On doit reconnoître toutes les pofitions, & choifir,
pour faire la Place d'armes générale ou particuliere,
le terrein le moins à portée d'être attaqué & où les
Troupes puiffent fe rendre le plus promptement, pourvû que par cette pofition les Troupes couvrent les
Quartiers. La Place particuliere pour chaque Brigade, foit Infanterie, foit Cavalerie ou Dragons, doit
être marquée à la Place d'armes générale. Il faut pour
cela difpofer un ordre de Bataille, au moyen duquel
chaque Brigadier, Colonel ou Major puiffe fçavoir
la place qu'il doit occuper. Il doit l'aller reconnoître
fur le terrein pour ne pas fe tromper, fuppofé
qu'il foit néceffaire d'y faire marcher les Troupes.

Si l'on crie aux armes, l'Officier Major de chaque

Quartier en particulier, doit être le premier au rendez-vous ou Place d'armes du Quartier, pour y ranger les Troupes, & le Major général avec ſes Aides à la Place générale pour la même raiſon. Il doit y avoir une punition très-ſévere pour la Brigade ou le Régiment qui s'y rendra trop tard. Le Général s'avancera vers l'Ennemi pour le reconnoître & pour régler l'attaque ſur ſa diſpoſition, ſa défenſe ou ſa retraite ; mais il ne doit jamais ſonger à la derniere, que lorſqu'il y eſt abſolument forcé.

CHAPITRE VI.

Des Gardes à cheval & Vedettes.

IL n'eſt pas ordinaire que l'on mette des Gardes à cheval en avant des Quartiers d'hyver pour les couvrir ; mais comme il peut arriver qu'on y ſoit obligé par la proximité de l'Ennemi & par les courſes continuelles que ſes Troupes légeres font proche les Quartiers, il eſt bon de marquer où elles doivent être placées, d'établir leurs fonctions, quelle doit être leur vigilance contre les ſurpriſes & les manœuvres qu'elles doivent faire quand elles ſont attaquées.

Ces principes trouveront peut-être rarement leur

application dans la pratique, soit parce que le front des Quartiers d'hyver sera gardé par une Riviere défendue par de l'Infanterie, soit parce que les Patrouilles continuelles & les Détachemens en avant suffisent, & encore parce qu'on doit laisser la Cavalerie tranquillé, afin qu'elle puisse se mettre en état d'entrer en Campagne refaite & complette ; mais ils ne seront point inutiles pour les gardes qui sont en avant d'un Camp & qui contribuent à sa sûreté, car la plus infaillible ne peut venir que des Détachemens en avant qui doivent toujours avoir lieu.

On place une Garde de Cavalerie en avant d'un Quartier ou d'un Camp, en reglant le plus ou le moins d'éloignement sur la situation du païs ; mais dans quelque position qu'on les mette, elles doivent toujours avoir derriere elles un point d'appui ; des Gardes d'Infantérie retranchées sur lesquelles les Gardes à cheval doivent se retirer si elles sont attaquées, doivent être ce point d'appui. De ces Gardes à cheval on détache le Cornette avec un nombre de Cavaliers qu'on pousse en avant à trente ou quarante pas de la garde, on nomme ce poste avancé le petit Corps-de-garde, & les Cavaliers qu'on tire de ce poste avancé & qu'on met en avant, s'appellent Vedettes.

Ces Vedettes sont établies, parce que la Garde ne peut être toujours à cheval, & par conséquent ne peut découvrir d'auſſi loin, elles avertiſſent dès qu'elles voyent des Troupes, afin que la Garde puiſſe monter à cheval & être en état de recevoir l'Ennemi ; il y a différentes façons de les placer rélativement à la ſituation des lieux & au terrein.

On doit obſerver de les mettre doubles, qu'elles ne ſoient point tirées du même Régiment, de même que les Gardes qu'on prend ſur toute une Brigade. Elles doivent être doubles, afin que lorſqu'elles découvrent quelque choſe, l'une puiſſe ſe détacher pour aller avertir au petit Corps-de-garde, & que l'Officier qui y commande, faſſe avertir la Garde. Secondement, afin qu'elles ſe tiennent mieux éveillées. Troiſiémement, afin que, tandis que l'une obſerve d'un côté, l'autre regarde d'un autre côté, & qu'il ne puiſſe rien paroître dans la plaine ſans que l'une ou l'autre ne le voye ; autant qu'il eſt poſſible, elles ſeront placées ſur de petites éminences ou ſur des chemins qui ſe croiſent pour en occuper les avenues ; elles doivent être éloignées de ſoixante ou quatre-vingt pas au plus du petit Corps-de-garde : il doit y en avoir deux d'un côté & deux d'un autre. On obſervera la même régle pour un plus grand nombre. Une plus grande diſtance les empêcheroit de s'entendre, même pour le *qui vive*. Elles ne quitteront jamais leur poſte l'une & l'autre. Il y en aura toujours une qui reſtera lorſque l'autre ira avertir le Corps-de-garde de ce qu'il voit ou de ce qu'il découvre. Elles ne laisseront approcher personne & arrêteront tout ce qui passera, de crainte de surprise: l'une conduira au petit Corps-de-garde ceux qui seront arrêtés, & de-là ils seront conduits à la Garde.

A la retraite l'Officier commandant la Garde, retirera son petit Corps-de-garde & ses Vedettes, & quand tout aura joint, il restera un quart d'heure en bataille; après ce tems là il se retirera sous le feu de la Garde d'Infanterie, qui doit être retranchée derriere lui.

La même Garde d'Infanterie peut servir à plusieurs Gardes de Cavalerie; il ne faut jamais multiplier inutilement les Gardes: la sûreté du Camp étant le seul objet qu'on ait en vûe, il est rempli lorsqu'il y a les Gardes nécessaires.

On substitue des Sentinelles aux petits Corps-de-garde, & aux Vedettes, dès que la Garde à cheval est à son poste de nuit. On doit, autant qu'on le peut, les placer dans des lieux bas, parce que dans l'obscurité on voit mieux ce qui vient d'en haut. Si elles gardent un quartier, elles ne laisseront entrer personne, ni passer qui que ce soit; si c'est un Camp elles n'en laisseront rien sortir, à moins que ce ne soit des Détachemens, encore même doivent-elles avoir ordre de celui qui commande la Garde de les laisser passer; il en est de même d'un Détachement qui rentre, elles

doivent

doivent l'arrêter, & une des deux se détacher pour avertir le Commandant de la Garde. Lorsque le Capitaine aura fait monter toute sa Troupe à cheval, il détachera un Officier & quelques Cavaliers pour l'aller reconnoître.

Quoiqu'en tout tems on doive porter la derniere exactitude dans le service, on doit cependant être plus sur ses gardes de nuit que de jour ; c'est le tems favorable pour les surprises, parce que ceux qui ne font point de service, dorment & ne peuvent donner un secours aussi prompt ; au lieu que le jour, outre que tous les yeux font ouverts pour observer l'Ennemi, on est plûtôt sous les armes, plus prêt à marcher & l'on n'a point à craindre la confusion.

Les petits Corps-de-garde doivent être changés ainsi ; lorsque le tems & l'heure de les relever seront venus, si c'est le Cornette qui est au petit Corps-de-garde, le Lieutenant prendra à la Garde le nombre de Cavaliers désigné, soit pour le petit Corps-de-garde, soit pour les Vedettes, & ira se placer à la droite de celui qui doit être relevé ; celui-ci sera à cheval & aura le sabre à la main. Les deux Officiers commandans ces deux Troupes, s'approcheront l'un de l'autre, & celui qu'on releve donnera sa consigne à celui qui vient occuper sa place. Les Brigadiers des deux Troupes doivent marcher ensemble pour relever les Vedettes, parce que celles qui sont relevées, ne peuvent l'être que par celui qui les a placées; quand elles le seront toutes, ces deux Brigadiers viendront rejoindre ces deux Troupes qui sont en bataille. Celle qui doit rester s'emparera du poste, & l'autre en faisant une caracole à gauche par la droite, rejoindra la Garde.

On doit observer que, dès que l'Officier partira de la Garde avec sa Troupe, celui qui doit être relevé doit l'envoyer reconnoître quoiqu'il soit parti de la garde. Ces précautions ne doivent point paroître superflues à des esprits intelligens qui connoissent les conséquences de la moindre négligence à la Guerre. La Garde qui vient en relever une autre doit observer les mêmes régles.

Lorsqu'on releve les petits Corps-de-Garde, la Garde doit être à cheval : pendant la nuit elle doit toujours y être, quoique proche d'un Corps d'Infanterie.

Le Capitaine, le Lieutenant & le Cornette feront leur ronde chacun à son tour, & visiteront les petits Corps-de-garde & les Vedettes, pour examiner si elles ne s'endorment point, si elles se ressouviennent de leur consigne & si elles sont alertes. Cette ronde qui commencera une heure après qu'elles auront été placées, doit se faire de deux en deux heures.

Les Officiers doivent être vigilans en tous tems, mais surtout lorsqu'on est près de l'Ennemi ; sans cette exactitude, on peut courir risque d'être enlevé, & il ne faut qu'un pareil échec pour entraîner la défaite entiere de plusieurs Quartiers.

Une Garde n'est ordinairement attaquée que par des Hussards, ou par d'autres Détachemens de Cavalerie ou de Dragons, envoyés par le Général Ennemi pour inquiéter l'Armée & pour tâcher d'enlever quelques Gardes, manœuvres dont le succès fait toujours honneur à celui qui les entreprend, mais qui rapportent peu de profit à l'Armée & au Général qui les fait faire ; cependant ces petits avantages peuvent avoir des suites considérables par les éclaircissemens que la Garde enlevée peut donner, par l'encouragement qu'ils donnent à celui qui y réussit & par le découragement de l'Armée à qui on les enleve.

Il est comme impossible qu'un Capitaine puisse jamais être enlevé, en prenant les précautions qu'on a indiquées plus haut. Il ne peut être enlevé qu'autant qu'il est surpris à pied. Pour éviter cet inconvenient, toute sa Troupe doit être à cheval pendant la nuit & toujours la moitié pendant le jour ; l'autre moitié aura la bride à l'arçon de la selle, pour pouvoir brider les chevaux au premier ordre & monter à cheval : comme il sera averti par ses Vedettes des marches de l'Ennemi, il aura le tems de faire monter à cheval ceux qui font à pied : dans cette pofition il peut bien être battu ; mais il ne peut être enlevé, il ne fera même battu qu'autant que fa Troupe fe défunira ; mais fi, lorfqu'il voit l'Ennemi venir à lui, il forme deux Troupes de fa Garde ; fi chacune de ces Troupes en détache une petite qui fe tienne fur les flancs de droite & de gauche ; fi ces petites Troupes par leur feu quoique médiocre, éloignent du moins un peu l'Ennemi & fi les deux Troupes fe retirent par échelons fur le pofte d'Infanterie, qui doit, comme on l'a dit, être à portée de les protéger, ce Capitaine ne fera point battu, & il fe retirera en Homme de guerre, c'eft tout ce que peut faire une Garde ordinaire. Ce n'eft point pour fe battre, mais pour avertir, qu'elle eft mife en avant ; on ne doit exiger d'elle rien de plus; on doit même faire plus de cas d'un Officier qui fera cette manœuvre, que d'un autre, qui, ne confultant que fon courage, au lieu de fe retirer, marchera à l'Ennemi & même le battra, parce que l'un aura fait fon devoir, & que l'autre en téméraire aura outre-paffé fes ordres, d'autant mieux qu'il eft très-difficile qu'il puiffe battre, parce que fans doute l'Ennemi eft venu en force ou du moins affez pour n'être point battu par fi peu de monde.

Outre les Détachemens en avant, les Gardes font

sa sûreté d'un Quartier ou d'un Camp, & par conséquent elles ne sçauroient être trop exactes sur le
service. Les Officiers qui les commandent ne doivent
pas craindre de les trop fatiguer ; ils doivent porter
tous leurs soins pour empêcher que les Quartiers ou
le Camp qu'elles couvrent, ne soient point inquiétés,
ou du moins pour être promptement avertis, afin que
les Troupes ayent le tems de prendre les armes.
Quelles suites n'a point l'enlevement d'une Garde,
& quelle douleur pour un Officier, si une Garde qui
est devant un Quartier, venant à être enlevée, don-
noit lieu à l'Ennemi, comme cela peut très - bien
arriver, d'y entrer & d'écharper les Troupes qui sont
dedans ? Si c'est une Garde du Camp, quel trouble
son enlevement ne met-il pas dans l'Armée ? La négligence d'un seul homme peut mettre la confusion
parmi cinquante mille, & en faire périr une partie,
surtout quand on est dans un poste d'où dépend la
sûreté des Troupes, & si ce sont des Quartiers, elle
peut faire perdre cinq à six lieues de païs que les Troupes occupoient.

Quoiqu'il soit comme impossible de ne point tomber dans quelque faute, il n'en est cependant point de
légere à la Guerre ; mais un Officier actif, vigilant,
qui aime son métier, en fera rarement, ou s'il en
fait, il y remédiera si promptement que l'Ennemi
n'aura point le tems d'en profiter.

CHAPITRE VII.

Des Détachemens en avant pour aſſûrer les Quartiers ou Cantonnemens & les chemins qui y conduiſent.

CE n'eſt pas aſſez pour la ſûreté des Quartiers qu'ils ſoient bien diſtribués, que les Gardes ayent été placées, ſoit à cheval en-dehors, ſoit à pied en-dedans, & qu'on y ait joint des patrouilles; il faut envoyer des Détachemens en avant des Gardes pour aller faire la découverte. Ces Détachemens iront plus ou moins loin, ſelon la ſituation du païs & l'éloignement de l'Ennemi, ſans cependant trop s'expoſer, d'autant qu'ils ne ſont point envoyés pour ſe battre, ni pour aller même inquiéter l'Ennemi dans ſes Quartiers, mais ſeulement pour aſſûrer leur propre Quartiers, afin que les Troupes y ſoient tranquilles, & qu'elles puiſſent s'y remettre des fatigues de la Campagne.

Un Quartier ne doit point ſe croire totalement en ſûreté, lorſqu'il n'a que des Gardes en avant; il eſt facile à l'Ennemi d'arriver juſqu'à elles, ſurtout ſi le païs eſt couvert, ce qu'il peut faire de jour ou de nuit, & ſi c'eſt un païs découvert, de nuit ſeulement.

Il eſt probable que ſi l'Ennemi peut parvenir juſqu'aux Gardes & les charger, les Troupes qui ſont
dans les Quartiers ne ſeront point aſſemblées ni prêtes à recevoir l'Ennemi ; il n'y aura tout au plus que
la Garde à pied & le Piquet, ce qui n'eſt pas d'une
grande reſſource dans une ſurpriſe ; ſi l'Ennemi parvient à pouſſer les Gardes, il entrera avec elles
dans le Quartier, pendant que d'autres l'entou-
reront.

Les Détachemens en avant des Quartiers, ſont abſolument néceſſaires : quand même il y auroit des Gardes, ils doivent être plus ou moins multipliés, ſelon
le nombre de Troupes que l'on a, & ſelon l'étendue
du terrein que l'on doit garder.

Ces Détachemens doivent marcher ſéparément ſur
le front & ſur les flancs ; ils embraſſeront le plus de
païs qu'il leur ſera poſſible, iront ſur les chemins qui
conduiſent à l'Ennemi ; le jour ils fouilleront les haies,
les buiſſons & les bois, les Villages, les ravins & généralement tout ce qui peut cacher quelque embuſcade. La nuit ils ſe rapprocheront du Quartier, &
reſteront à la diſtance áu moins de quatre cens pas,
& plus loin même ſi le païs eſt découvert ; les Détachemens marcheront très-lentement la nuit, non en
avant, mais en ſe croiſant les uns les autres ſi le païs
le permet, & outre le mot donné à l'ordre, ils en au-

ront encore un autre particulier pour se réconnoître ; de tems en tems, ils s'arrêteront & prêteront l'oreille pour découvrir s'ils n'entendent rien : ceux qui commanderont ces Détachemens doivent éviter de se battre, & n'en venir là qu'à la derniere extrémité ; ils doivent sçavoir qu'ils ne sont envoyés en avant que pour préserver les Quartiers d'une surprise.

Ces Détachemens ne seront que six ou huit heures dehors, & par conséquent ne mettront jamais pied à terre ; si dans les Quartiers il y a des Hussards, il faut les employer pour ces Détachemens préférablement aux autres Troupes ; ils sont plus au fait de faire la découverte d'un païs que la Cavalerie, & même que les Dragons. Leurs chevaux sont plus en haleine, se fatiguent moins, & c'est le genre de guerre naturel aux Hussards.

Lorsque ces Détachemens seront rentrés, on en fera sortir d'autres pour la même raison, parce que les Quartiers en avant ne doivent jamais être à découvert. Si la nuit ces Détachemens entendent quelque chose, le Commandant enverra reconnoître ce que c'est, & s'en assûrera après par lui-même : si ce sont des Troupes, il enverra tout de suite un Hussard au Commandant d'une des Gardes, s'il y en a en avant des Quartiers, & s'il n'y en a pas, au Commandant du premier Quartier, qui fera avertir le Général. Il s'embusquera

buſquera dans quelque endroit, d'où ſans être découvert, il puiſſe aiſément reconnoître ce qui marche à lui;
& lorſqu'il ſera encore plus aſſûré que ce ſont des Ennemis, il enverra un ſecond Huſſard en avertir le premier poſte, qui en fera informer le Général, & conti-
nuera toujours de les obſerver en marchant ou ſur le
flanc ou devant eux.

A l'arrivée du premier Huſſard, le Général fera
mettre une partie de ſes Troupes ſous les armes, & fera
tenir le reſte prêt à les prendre, mais ſans bruit : il fera
ſa diſpoſition pour recevoir l'Ennemi, ſurtout il n'ou-
bliera pas d'envoyer avertir les Commandans particuliers des Quartiers qui ſont les plus proches du ſien. Au
premier coup de piſtolet tous les Détachemens qui
ſeront dehors, rejoindront les Quartiers.

Si le Commandant du Détachement qui a rencontré
l'Ennemi, ne trouve point d'endroits propres pour
s'embuſquer, & s'il ne peut voir à-peu-près le nombre
des Ennemis, après avoir envoyé avertir, il marchera
devant la Troupe qui vient à lui, comme s'il en faiſoit
l'Avant-garde, & lorſqu'il jugera que le premier &
le ſecond Huſſard ſeront arrivés aux Quartiers, il en
enverra un troiſiéme pour confirmer les deux premieres nouvelles. Pour lui, il reſtera toujours en avant
& ſur les flancs ſans être vû, autant qu'il ſera poſſible,
obſervant la marche de l'Ennemi, & tâchant de diſtin-

guer par le bruit que font les Troupes en marchant, s'il y a de l'Infanterie & de la Cavalerie, & la force à-peu-près dont elles peuvent être.

Lorsqu'il fera à deux cens pas des Quartiers, qu'il jugera que les Troupes auront eu le tems de fe mettre fous les armes, & que les difpofitions feront faites pour recevoir l'Ennemi, il doit envoyer au *qui vive* en faifant feu. C'est ce premier feu qui doit fervir de fignal aux Détachemens qui font dehors pour rentrer. Ils fe réuniront tous, s'il eft poffible, à l'endroit où ils l'ont entendu, & ils tâcheront de rallentir la marche de l'Ennemi pour donner plus de tems au Commandant de faire fes difpofitions, pour tenir fes Troupes en ordre & prêtes à le recevoir.

On a dit qu'à la premiere nouvelle portée par le Huffard du Détachement qui a reconnu l'Ennemi, le Général devoit faire mettre une partie de fes Troupes fous les armes, & que le refte devoit être prêt à les prendre ; mais lorfque le fecond eft arrivé, toutes les Troupes les prendront fans attendre le troifiéme ; on n'a jamais trop de tems pour faire de bonnes difpofitions, quoiqu'elles doivent être prévûes d'avance. Il y a toujours plus de confufion pendant la nuit, & les ordres, quoique bien donnés, ne s'exécutent point avec la même précifion & avec la même célérité que le jour ; mais comme l'ordre doit être donné, en cas d'attaque,

à tous les Commandans des différens Quartiers, c'est à
eux à les exécuter le plus promptement qu'il sera possible, & surtout dans un grand silence : le Général
doit alors monter à cheval, visiter ses postes & voir par
lui-même si ses ordres sont exécutés.

Avec de telles précautions, il paroît bien difficile
que des Quartiers puissent être surpris ; ils seront en
état de recevoir & même de repousser l'Ennemi, pourvû que les Détachemens en avant ne s'écartent point
des régles qu'on vient de donner.

CHAPITRE VIII.

Jusqu'où doivent aller les Détachemens en avant.

APRE's avoir dit que des Quartiers ne peuvent
être assûrés, si l'on n'a la précaution d'envoyer
des Détachemens, & que, quelque vigilance qu'on ob-
serve intérieurement, elle ne pourra suffire, si elle ne
s'étend point à l'extérieur, il est nécessaire de parler
de la distance jusqu'où les Détachemens doivent aller ; elle ne peut être déterminée à un certain point,
parce qu'elle dépend de la situation du païs, de l'éloignement de l'Ennemi & de plusieurs autres circonstances.

Si le païs eſt ouvert, & ſi entre les Quartiers &
l'Ennemi il ne ſe rencontre ni Rivieres ni paſſages
étroits, par leſquels il ſoit néceſſairement obligé de
paſſer, les Détachemens ne ſçauroient aſſez s'avancer,
pourvû qu'ils ne s'expoſent point à être coupés en négli-
geant les précautions néceſſaires pour aſſûrer leurs derrieres; leur ordre'n'eſt pas de ſe battre, mais leur devoir
eſt de ne laiſſer dans la plaine ni buiſſons, ni ravins, ni
bois, ni Villages, ſans les fouiller exactement. Ces Détachemens doivent prendre langue dans tous les Bourgs,
Villages & Hamaux, & s'informer ſi l'Ennemi ne fait
pas des courſes dans le païs, à quelle diſtance il eſt des
Quartiers, s'il y a des Rivieres entre deux, s'il y a des
ponts & des gués ſur ces Rivieres, ſi l'Ennemi y a des
poſtes, de quelle nature ils ſont, s'ils ſont retranchés
ou non.

Lorſqu'ils trouveront une plaine, ils ne doivent
point s'y montrer, autant qu'il leur ſera poſſible; ils
doivent au contraire ſe tenir embuſqués dans quelque
endroit, d'où ils puiſſent découvrir ſans être vûs. Lorſqu'ils appercevront des Villages à un quart de lieue
ou à une demi-lieue, le Commandant détachera quelques Huſſards ou Dragons, s'il n'a point de Huſſards,
pour prendre langue, & pour lui amener des Païſans
de ces Villages, & ſurtout les Bourg-Meſtres ou principaux Habitans, s'ils peuvent s'en emparer : Par-là

on pourra s'inftruire fi l'Ennemi eft en Détachement, s'il eft en force, s'il eft venu dans le Village & quelle route il tient. Si par promeffe ou par menace on ne peut rien arracher d'eux, le Commandant les conduira au Général, s'ils réfiftent encore, on les menacera de la prifon, s'ils s'obftinent à fe taire, on févira contre eux, on les menacera de piller leur Village & de les réduire en cendres, fi l'Ennemi s'avançoit fans qu'on en foit averti.

On placera une Garde d'Infanterie fur les ponts ou fur les paffages les plus étroits, par lefquels l'Ennemi fera obligé de paffer, pour venir attaquer les Quartiers : cette Garde fervira à faciliter la retraite des Détachemens, qui doivent fe porter au-delà, & quand même ces ponts ou ces défilés feroient éloignés d'une demi-lieue, elle fera à même de faire promptement avertir aux Quartiers, fi les Détachemens en avant, étoient attaqués ; mais afin que cet avis puiffe parvenir plus vîte, on donnera à cette Garde deux Huffards d'ordonnance.

Si ces Détachemens en avant venoient à être attaqués, ils fe replieroient fur cette Garde, qui, réunie au Détachement, tiendra ferme au pont ou défilé, pour donner le tems au Général d'envoyer du fecours, & de faire mettre quelques Troupes fous les armes. Il ne fe décidera fur le nombre des Troupes qu'il envoye au fecours, que lorfqu'il recevra un fecond avis par un bil-

let, qui lui fera porté par le fecond Huffard d'ordonnance,de la part du Commandant du pofte d'Infanterie,
qui l'informera des forces de l'Ennemi. L'Officier commandant ce pofte d'Infanterie , qui eft au pont ou qui
garde le défilé,doit prendre fes mefures pour affûrer fon
pofte & tenir affez de tems , pour qu'il puiffe recevoir
du fecours des Quartiers.

La sûreté des Quartiers ou Cantonnemens, confifte
dans les petits Détachemens multipliés, qui vont fans
ceffe à la découverte,dans les difpofitions extérieures,
qui empêchent l'Ennemi d'approcher & dans les avis
donnés affez à tems , afin que les Troupes puiffent
prendre les armes , & être prêtes à recevoir l'Ennemi.

On doit furtout obferver de ne pas charger indiftinc-
tement tous les Officiers de ces Détachemens ; ce n'eft
ni l'ancienneté ni le grade qu'on doit confulter , c'eft
leur fageffe & leurs talens; il y va de la sûreté des Quartiers, & par conféquent de celle de toute l'Armée. Il
faut pour conduire ces Détachemens, moins d'ardeur
& de bravoure que de flegme & de réfléxion.

CHAPITRE IX.

Des Manœuvres qu'il faut oppofer à l'Ennemi contre les fauffes allarmes.

UN Ennemi vigilant ne manque point de donner l'allarme vraie ou fauffe aux Quartiers, toutes les fois qu'il peut, & il le peut auffi fouvent qu'il le veut. Il n'a fouvent d'autres vûes que de les inquiéter, de les fatiguer, en les tenant ainfi toujours alertes, de les empêcher de fe rétablir, ou enfin de rallentir la vigilance du Commandant Général fur les allarmes véritables, à force de l'avoir trompé par de fauffes; négligence qui réjailliroit bientôt fur chaque Commandant particulier, & fur les Troupes à qui il enleveroit aifément du moins quelques Quartiers.

Mais un Général fage & prudent, fçait prévoir les inconvéniens par l'ordre qu'il met dans fes Quartiers, en prenant les précautions néceffaires pour les affûrer, en ordonnant à l'Infanterie de prendre les armes fans bruit, en faifant monter à cheval fa Cavalerie fans trompette, afin que l'Ennemi trompé par ce filence, & croyant les Troupes endormies, vienne pour tomber deffus; lorfqu'il les trouvera fous les armes, fa furprife feule le fera battre , ou du moins lui fera abandonner fon entreprife , & prendre le parti de la retraite , ce qu'il ne fera point fans être vivement inquiété.

C'eft dans de femblables occafions, que paroît le génie d'un Général , il ne fuffit pas de fçavoir affûrer fes Quartiers, il doit encore tourner au défavantage de l'Ennemi , des manœuvres qu'il croyoit ne pouvoir faire que contre lui. Celle-ci paroît très-favorable , & fi elle réuffit, il n'y aura plus à craindre de fauffes allarmes, parce que l'Ennemi fera affûré de la vigilance des Troupes ; cependant il ne doit pas pourfuivre trop loin fon avantage , de crainte de quelque embufcade ; mais tant qu'il voit devant lui, il doit profiter de la furprife de l'Ennemi , & le charger vivement.

Il eft toujours néceffaire de faire mettre les Troupes fous les armes fans bruit ; c'eft une régle générale, que le filence eft dans toutes les occafions très-favorable à la Guerre , le Commandant fait mieux entendre fes ordres, & ils font exécutés avec plus de promptitude. Il en réfulte encore cet avantage , furtout dans cette occafion ; c'eft que fi l'Ennemi ne vient point à portée des Quartiers, & qu'il n'ait fait que fe montrer, dans la vûe de les inquiéter, il ne pourra fe flatter d'y avoir jetté l'allarme & d'avoir fait refter toute la nuit ou tout le jour les Troupes fur pied.

Ce

Ce silence qui n'empêche point qu'on ne soit sur ses gardes, fait que l'Ennemi fâché ou rebuté de se voir ainsi trompé dans ses projets, ne donnera plus de fausses allarmes, ce qui rendra aux Quartiers leur tranquillité ; il songera lui-même à se remettre des fatigues infructueuses que lui auront fait essuyer ses tentatives.

Quant à la Cavalerie, le boute-selle ou à cheval, ne peuvent causer que du désordre, surtout la nuit ; ainsi dans ces occasions il faut la faire monter à cheval à la voix, car, quelque bon ordre qu'il y ait dans les Quartiers, les Trompettes d'un côté, les cris d'un autre, l'empressement de seller les chevaux, l'embarras de trouver ses armes, font que les ordres sont confondus, ou du moins mal entendus ; des Quartiers dans cette confusion, peuvent être battus très-facilement par des Troupes inférieures, qui ne venoient peut-être que pour leur donner une fausse allarme, ou seulement pour les reconnoître.

En général le bon ordre dans les Quartiers, dépend de l'intelligence de celui qui y commande, de sa vigilance & de la bonne discipline qu'il y fait observer. C'est par une telle conduite, que non-seulement il n'aura rien à craindre de l'Ennemi, mais encore qu'il tirera des tentatives de l'Ennemi des succès assûrés. La réputation qu'il s'acquerra chez l'Ennemi par cette vigilance, lui procurera des avantages auxquels il ne s'attendoit pas.

CHAPITRE X.

De la Conduite que doivent obferver les Détachemens &
les Gardes d'un Quartier de Cavalerie, & des Manœu-
vres qu'ils doivent faire quand ils font repliés, pour
empêcher l'Ennemi d'entrer avec eux dans le Quar-
tier.

IL arrive quelquefois que l'on place de la Cavalerie loin de l'Infanterie, foit à caufe de la fituation
du païs, foit par rapport à la rareté du fourrage, &
que, quoique les Quartiers foient fur les derrieres, l'Ennemi peut venir les attaquer par un détour, & qu'il fe
flatte de les enlever fans craindre le fecours des Quartiers voifins. C'eft alors que celui qui y commande doit
redoubler fa vigilance, en établiffant des Gardes en
avant, en envoyant des Patrouilles, en multipliant les
Détachemens, & enfin en retranchant le Quartier,
comme on l'a dit ailleurs, Chapitre deuxiéme, Livre
troifiéme.

Comme l'entreprife formée par l'Ennemi fur ce

Quartier, fera faite avec vivacité & promptitude, elle
ne peut être exécutée que par de la Cavalerie, des
Huffards ou des Dragons, afin qu'ils puiffent fe retirer
plus légérement, foit qu'elle réuffiffe ou non; ainfi les
Troupes qui font dans le Quartier étant de Cavalerie,
les armes font égales, à cela près que le Quartier eft
retranché, que les Troupes peuvent y refter pied à
terre, occuper les maifons crénelées & fe mettre derriere les coupures; & quoique leur feu ne foit pas auffi
prompt que celui de l'Infanterie, parce qu'elles ne font
pas accoutumées à défendre un pofte comme l'Infanterie, il eft cependant affûré que par une bonne difpofition & de la fermeté, elles peuvent efpérer de repouffer l'Ennemi, & lui faire manquer fon entreprife d'autant plus aifément, que l'attaque eft faite par de la Cavalerie, dont le feu n'eft pas plus à craindre, que celui
de la Cavalerie qui fe défend. Cette obfervation, quoique jufte quant à la Cavalerie & aux Huffards, ne l'eft
point pour les Dragons, qui font armés comme l'Infanterie, font exercés de même & font d'excellente Infanterie.

Lorfque l'Ennemi veut attaquer un Quartier, & que
par des marches détournées, il a pû parvenir pendant
la nuit à s'en approcher affez près fans être apperçu,
alors il ne marche plus lentement, & l'Avant-garde,
qui fans doute eft très-forte, charge avec vigueur les

petits Détachemens qu'elle rencontre, & tâche même
de les envelopper, afin qu'ils ne puiffent porter aucune nouvelle aux Gardes avancées ; fi elle ne peut les
envelopper, elle les replie fur les Gardes l'épée dans
les reins : cette Avant-garde, qui eft fuivie du gros des
Troupes, tâche de fe mêler avec les Détachemens &
les Gardes repouffées, pour entrer avec elles dans le
Quartier.

Cette charge fe fera avec affez de vivacité, pour
ôter aux Troupes repouffées le tems d'envoyer avertir
aux Quartiers, afin qu'ils ne puiffent être inftruits de
ce qui fe paffe, que par le feu qu'ils entendent, ce
qui peut être un moyen pour réuffir dans ces fortes
d'entreprifes.

Mais, comme on a dit plus haut, qu'il doit y avoir
dans un Quartier une Garde à pied & un Piquet, dès
que ces deux Troupes de fervice, qui ne doivent jamais s'endormir, entendront le premier feu des Troupes attaquées, elles feront avertir fur le champ le Commandant, qui, toute fuite fera fes difpofitions, autant
que le tems le lui permettra. Il empêchera qu'on ne
monte à cheval, il fera border les coupures & s'emparera des maifons crénelées.

Si les Gardes & les Détachemens font repouffés,
ils ne doivent point fe retirer par les grands chemins
qui aboutiffent aux Quartiers & qui doivent être fer-

més par des coupures ; mais lorfqu'ils feront arrivés
proche le Quartier, ils feront un feu vif & continuel,
pour arrêter du moins pendant quelque tems l'impétuofité de l'Ennemi, afin de donner aux Troupes qui
font dans le Quartier, le tems de prendre les armes &
de fe pofter fuivant l'ordre qui leur aura été donné : ils
ne mafqueront point les grands chemins ni les maifons
crénelées ; mais ils fe retireront le long des haies, afin
que le feu des Cavaliers à pied, qui font derriere les
coupures & dans les maifons crénelées, puiffe les protéger & arrêter l'Ennemi. A la faveur de ce feu, ils
pourront fe retirer par des petits fentiers, connus feulement de ceux du Quartier, afin que l'Ennemi arrêté par les coupures & par les haies, ne fçache par où
entrer, & que ces difficultés le rebutent de fon entreprife. Cependant toutes les entrées doivent être exactement fermées, retranchées ou du moins bien gardées,
parce qu'il eft probable que l'Ennemi n'attaquera pas
feulement un feul côté, mais qu'il entourera le Quartier, pour tâcher de pénétrer par quelque endroit; le
refte des Troupes fera difpofé autour du Village, derriere les haies ou planches croifées, qui ferment & qui
entourent les Jardins.

Avec ces précautions, on peut efpérer de garder le
pofte attaqué par un nombre de Troupes quoique fupérieur, & pourvû que l'on arrête & qu'on retarde

l'Ennemi, on peut efpérer du fecours des Quartiers voifins, quoiqu'ils foient éloignés, d'autant qu'au premier feu des Détachemens qui étoient en avant, on doit envoyer donner avis de l'attaque.

C'eft dans cette occafion qu'un Commandant doit conferver fon fang froid, & une fituation fi délicate fait bien appercevoir dans ce moment combien il eft important d'envoyer les Détachemens un peu plus loin, afin de pouvoir être averti à tems pour être prêt à recevoir l'Ennemi. Un Quartier furpris eft, pour ainfi dire, forcé; il fera certainement furpris s'il n'y a point de Détachement en avant, & s'il n'y a que les Gardes qui en faffent la sûreté, parce qu'elles ne peuvent pas avertir affez tôt les Troupes de fe mettre en défenfe, avant que l'Ennemi ne tombe, pour ainfi dire, fur elles.

On doit obferver la même difpofition pour un Quartier d'Infanterie, attaqué par de l'Infanterie, à cela près que les Troupes du Quartier font plus à même d'être fecourues, parce que l'Infanterie que le befoin de fourrages, ne fépare point comme la Cavalerie, eft plus raffemblée. D'ailleurs l'Infanterie ne peut pas marcher avec la même célérité que la Cavalerie, par conféquent les Détachemens en avant ont le tems d'envoyer avertir au Quartier, & les Troupes qui y font, ont celui de fe préparer à défendre le pofte & à recevoir vigoureufement l'Ennemi.

Si cependant l'Ennemi trop opiniâtre, a l'imprudence de rester assez de tems à l'attaque du Village , pour
donner aux Quartiers voisins celui de venir au secours, il
ne faut point manquer cette occasion ; on doit profiter
de ce secours pour le charger en tête pendant qu'il l'est
par derriere, & suivre sa victoire aussi loin que la prudence peut le permettre. Il ne faut jamais laisser échapper
aucune occasion où l'on peut remporter quelque avantage sur l'Ennemi, à moins qu'il n'y eût à craindre
qu'un succès médiocre n'en empêchât un plus considérable, comme si, par exemple, dans la chaîne d'un
fourrage, on s'attachoit plus à poursuivre l'Ennemi
qui veut inquiéter les Fourrageurs, qu'à continuer le
fourrage , après l'avoir écarté. C'est par de petits
succès qu'on habitue, pour ainsi dire, les Soldats à
vaincre , & qu'on leur fait craindre la honte d'être
vaincus.

CHAPITRE XI.

Des Précautions qu'il faut prendre lorsqu'on arrive de nuit dans un Quartier qu'on ne connoît pas.

LEs précautions qu'on va indiquer dans ce Chapitre, varient selon la qualité des Troupes qui arrivent de nuit dans un Quartier.

On suppose que de l'Infanterie ou des Dragons arrivent fort tard dans un Quartier, ou par un tems obscur ou orageux, que l'obscurité de la nuit empêche celui qui commande de reconnoître exactement les environs, & les lieux où il est nécessaire de mettre des Gardes & des Sentinelles. On suppose encore que le Village où l'on entre, peut être inquiété par l'Ennemi, & que sa position est hasardée, & presqu'en l'air ; mais qu'on a été obligé de la choisir, soit pour conserver des communications, soit pour pouvoir pousser des Détachemens plus loin, & pour leur donner un point d'appui & de retraite sur ce Village occupé.

Cela supposé, lorsque toutes les Troupes seront entrées dans le Quartier, le Commandant laissera sur la place le Piquet & les Gardes destinées pour sa sûreté ;

ensuite

enfuite il fera venir le Maire ou le Bourg-Meftre, pour s'informer de la fituation du Village, du côtéqui fait face à l'Ennemi, s'il peut être tourné, par où il peut l'être, combien il y a d'iffues pour fortir dans la Campagne, s'il y a une Riviere ou un ruiffeau, fi les bords en font marécageux ou non, quelle partie couvre ce ruiffeau, s'il y a des ponts ou des gués, &c. pendant qu'on prendra ces éclairciffemens, on diftribuera les billets de logement, & les Troupes refteront en bataille fur la place ou dans les rues jufqu'à nouvel ordre.

Le Commandant, fuivi du Bourg-Meftre, des principaux Habitans & des Gardes deftinées pour la fûreté du Quartier, en fera le tour, s'inftruira par lui-même des iffues, des chemins, des bois qui font à portée; & fur cette connoiffance des lieux, il placera fes poftes d'Infanterie à toutes les iffues du Quartier, avec ordre de les barrer pour cette nuit avec des chariots ou des madriers croifés l'un fur l'autre. Les poftes doivent être plus forts la premiere nuit & les Sentinelles doubles,& lorfqu'elles feront placées,le Commandant peut faire ordonner au refte des Troupes qui ne font point de fervice,d'entrer dans leurs logemens. Si ce font des Dragons,il eft inutile de mettre des Gardes à cheval hors du Quartier, qui fera beaucoup plus en fûreté, lorfqu'il fera gardé par des gens à pied retranchés. Cependant il y aura un Piquet à cheval fur la place, avec ordre à celui qui le commande, de partager fa Troupe en trois, & de faire faire des patrouilles en-dehors du Quartier de deux en deux heures. Ceux qui ne font point de fervice, pourront débrider leurs chevaux, avec ordre, au cas d'attaque, de fe porter à pied aux endroits qui leur feront marqués, & que le Commandant aura reconnus. Si c'eft de l'Infanterie, il y aura de même un Piquet, qui, comme celui des Dragons, fera des patrouilles au-dehors du Quartier de deux en deux heures, en longeant les haies & les jardins qui le bordent.

Ce font les précautions les plus fûres qu'on penfe, qu'un Commandant, qui ne peut avoir qu'une connoiffance très-imparfaite de la fituation du Quartier & de fes environs, peut prendre.

La Cavalerie & les Huffards peuvent prendre à-peu-près les mêmes que l'Infanterie ou les Dragons : le Commandant fera la même reconnoiffance des Quartiers avec le Maire & le Bourg-Meftre, alors il placera les Gardes en avant du Quartier, en obfervant que leur éloignement ne les expofe pas à être coupées, mais feulement qu'elles foient à une diftance à pouvoir empêcher l'Ennemi de tomber tout de fuite fur le Quartier. Les iffues des Quartiers feront gardées par des Cavaliers à pied ; mais elles ne feront point retran-

chées , afin qu'au cas d'attaque , les Troupes qui ne
font point de fervice & le Piquet, puiffent fortir pour
charger l'Ennemi. Il y a cette différence à obferver
entre la Cavalerie & l'Infanterie, que la premiere doit
charger l'Ennemi en-dehors du Quartier , & que l'autre doit l'attendre derriere fes retranchemens & l'arrêter par un feu vif & continuel , c'eft pour cette raifon
que les Cavaliers qui ne font point de fervice , doivent
mettre la bride de leurs chevaux à l'arçon de la felle.
Tous les chevaux doivent être fellés pour cette nuit &
chaque Cavalier ou Huffard doit être prêt à monter à
cheval au premier ordre.

Si l'Ennemi inftruit que les Troupes arrivées de
nuit, ne peuvent qu'être fatiguées de la marche qu'elles ont faite, vouloit profiter de cette occafion, pour
venir attaquer le Quartier , les Gardes auroient ordre
de le charger ; quand même elles ne feroient pas en
force , fans s'embarraffer du nombre, le Piquet qui
doit être à cheval , fortira fur le champ, pour fe joindre aux Gardes, & le refte des Troupes montera à cheval fans bruit, autant qu'il fera poffible, & lorfqu'elles
feront réunies aux Gardes, elles l'attaqueront avec vigueur & avec audace.

Ces attaques faites brufquement & fans héfiter, ont
fouvent un fuccès heureux, d'autant mieux que l'Ennemi ne vient attaquer, que parce que fçachant que ces

I ij

Troupes ont fait une longue route la veille, par un mauvais tems, il peut croire qu'elles auront plus songé à leur repos qu'à leur sûreté, & qu'elles se seront contentées de mettre en avant quelques petits Corps-de-gardes. Il peut se flatter que les Troupes seront endormies ainsi que le Commandant & les Officiers, & qu'il lui sera facile d'enlever ce Quartier ; mais se voyant ainsi attaqué avec vigueur, sa surprise rallentira sa fermeté, le découragera & lui fera craindre sa défaite au lieu qu'il espéroit une victoire facile.

George Basta, * rapporte plusieurs exemples de ces coups inattendus ; on n'en rapportera qu'un seulement pour prouver que lorsqu'on est attaqué, surtout la nuit, il faut marcher à l'Ennemi sans examiner sa force ; parce que ne pouvant s'appercevoir du nombre, son imagination le lui fait paroître plus considérable.

** Le gouvernement de la Cavalerie, par George Basta. chap X.*

» Etant Commissaire Général, j'étois logé, dit ce
» Grand Capitaine, à Osterhaut, Village près de Bré-
» da, où je me trouvai seul avec cent chevaux, pour
» avoir envoyé le reste à certaines entreprises, de quoi
» l'Ennemi ayant eu langue, vint environ la minuit
» avec quatre cens piétons, attaquer le Quartier, dont
» oyant l'allarme, j'accourus au Corps-de-garde, com-
» posé de deux Compagnies, l'une d'Antoine Oliviéra,
» & l'autre d'Alphonse de Mondragon, au lieu desquels
» je trouvai leurs Officiers ; secondé de ceux-ci, nous

» rencontrâmes l'Ennemi avec tant de réfolution, que
» non-feulement nous le repouffâmes, mais auffi nous
» le mîmes totalement en fuite, & bien qu'après non-
» obftant la nuit, il fe remît fus, & retournât à l'affaut,
» fi eft-ce qu'en ce même point le Comte Decio Mon-
» frédy, Porte-Enfeigne de la Compagnie du Marquis
» Del Guafto, y furvenant avec peu de chevaux, par
» mon ordre, les inveftit avec tant de courage & de
» valeur, qu'il les mit en totale déroute, y laiffant plus
» de deux cens morts fur la place, chofe quafi incroya-
» ble, que fi petit nombre de chevaux, de nuit & en lieu
» étroit, euffent pû faire fi grande défaite.

Si cent ou cent trente chevaux ont battu quatre cens
homme d'Infanterie, il eft à préfumer qu'ils pourroient
auffi battre de la Cavalerie qui viendroit les attaquer,
en prenant leur parti promptement, & fonçant deffus le
fabre à la main ; s'ils ne la battent point entierement,
du moins ne feront-ils point battus, & ils obligeront
l'Ennemi de fe retirer fans aucun fuccès ; s'ils font battus, comme cela peut arriver, ils auront fait leur devoir, & n'auront plus rien à fe reprocher, & s'ils obligent l'Ennemi de fe retirer, ils n'en acquéront que
plus de gloire.

On doit peu s'embarraffer des mumures de ceux qui
fe plaignent des précautions qui paroiffent inutilement
multipliées ; ils font ordinaires aux Cavaliers, mais on

les étouffe aifément, en partageant la fatigue avec eux.
Charles XII.* n'offroit que fon exemple pour foutenir
la patience de fes Soldats quelquefois rebutés, & il les
faifoit ainfi rentrer plûtôt dans leur devoir, que s'il les
avoit punis. On ne doit fans doute expofer les Troupes à la fatigue qu'à la derniere extrémité ; mais il le
faut dans l'occafion ; elles en font affez récompenfées
lorfqu'elles ont fait échouer les entreprifes de l'Ennemi,
& elles ont affez de tems pour fe repofer, lorfque par
la certitude où l'Ennemi eft de leur vigilance & par les
échecs qu'il a reçus, la tranquillité eft établie dans les
Quartiers.

*Nord-
berg, Hift.
de Charles
XII. t. 2.*

CHAPITRE XII.

*Des Précautions qu'on doit prendre , quand on eft obligé
d'établir fes Quartiers dans un païs de bois & de
montagnes.*

SI la connoiffance du païs eft néceffaire, c'eft furtout lorfqu'on veut établir des Quartiers dans un
païs de bois & de montagnes : plus il paroît imprati-
cable & difficile à être tourné, & plus il demande de
précautions ; une gorge que l'on n'aura point fondée,
un chemin dont on ignorera les détours, un vallon dont

on ne connoîtra pas la profondeur, des hauteurs qui paroîtront inacceſſibles, & qu'on aura négligé de faire occuper, fourniront quelquefois à l'Ennemi l'occaſion de prendre les Quartiers par derriere, de les attaquer & de les enlever.

Avec cette connoiſſance, un Général mettra nonſeulement ſes Quartiers en ſûreté, mais encore il épargnera beaucoup de fatigues à ſes Troupes, en ne mettant que les Gardes néceſſaires & ne multipliant point les Patrouilles, ce qu'il ſeroit obligé de faire, s'il ne connoiſſoit que ſuperficiellement le païs.

Après qu'il aura pris ces premieres précautions, il mettra en premiere ligne toute ſon Infanterie, dans les endroits les plus conſidérables, tels que les Bourgs ou petites Villes. A cette Infanterie il joindra des Huſſards, pour pouſſer des Détachemens en avant, ſoit pour la ſûreté des Quartiers, ſoit pour enlever des fourrages qui ſont entre l'Ennemi & lui, ſoit enfin pour établir des contributions s'il en trouve le moyen. La Cavalerie ſera couverte par l'Infanterie, & comme les Dragons peuvent, ſelon les circonſtances, faire le ſervice à pied & à cheval, il les mettra ſur les flancs de la Cavalerie pour les couvrir.

Outre les retranchemens dont on doit fortifier chaque Bourg ou Village, on doit encore faire des coupures à la tête des gorges ou chemins qui conduifent aux Quartiers, avec une barriere pour laiſſer paſſer les Détachemens de Huſſards ou de Dragons ; les coupures ſeront gardées très-exactement par de l'Infanterie.

Dans un païs de montagnes, les Détachemens ne doivent pas s'avancer auſſi loin que dans un païs de plaine, parce qu'il ſeroit facile à l'Ennemi de les couper, en envoyant de l'Infanterie par des chemins détournés & où les Huſſards ne peuvent pénétrer : ces Troupes ſe placeroient entre les Quartiers & le Détachement, lorſqu'il ſeroit paſſé, & tandis qu'il ſeroit attaqué en tête, elles l'attaqueroient par derriere, & le mettroient entre deux feux.

On placera ſur les hauteurs des Sentinelles, avec ordre d'avertir s'ils voyent quelques Troupes, avec défenſe de tirer, afin que l'Ennemi croye que les Quartiers ne ſont point ſur leurs gardes, & qu'on puiſſe par-là lui tendre des embuſcades, & le rebuter de venir attaquer les Quartiers ou de s'en approcher pour les reconnoître, parce que les Troupes ne ſont dans les Quartiers, que pour y être tranquilles, pour y ſubſiſter pendant l'hyver & pour être en état d'entrer de bonne heure en Campagne : cependant ſi l'Ennemi vient tenter l'attaque de quelques Quariers, comme par les précautions qu'on indique, il trouvera les Troupes ſous les armes & prêtes à le recevoir, il peut ſe faire qu'il

ſoit

foit battu, ou du moins obligé de fe retirer ; il eſt probable que cet échec le rebutera, & qu'il laiſſera les
Quartiers tranquilles. Cette tranquillité vraie ou ſup-
poſée, ne doit pas empêcher le Commandant d'envoyer des Détachemens pour reconnoître & fouiller
le païs très-exactement : pour ces ſortes de découvertes, un Brigadier, un Maréchal-de-Logis, avec ſix
hommes d'un côté & ſix d'un autre ſuffiront. Ceux
qu'on envoye pour tirer des fourrages en avant, ou pour
établir des contributions, doivent être plus forts, ſans
cependant être trop nombreux ; ils ſeront compoſés
d'Infanterie, de Huſſards ou de Dragons, ſelon la ſituation du païs.

Si les gorges, qui aboutiſſent aux Quartiers, ſe croiſent par différens chemins, & que ces chemins aboutiſſent tous au grand chemin qui conduit aux Quartiers,
on mettra pendant la nuit une Garde d'Huſſards ou de
Dragons à cette croiſée, & des Sentinelles ou des Vedettes ſur tous les chemins. Cette Garde ſe retirera au
Soleil levant ; elle ſeroit inutile pendant le jour, parce
que l'Ennemi choiſit rarement ce tems pour venir attaquer, & que dans ce cas, la premiere attaque ſe feroit aux coupures, qui ſont en avant des Quartiers, à
l'entrée des gorges & des chemins, & par conſéquent les Troupes auroient aſſez de tems pour prendre les armes & pour occuper les poſtes ordonnés.

Tome II. K

Si par la difette des fourrages, le Général ne pouvoit garder fa Cavalerie ; comme elle n'eft d'aucune
utilité dans les montagnes, il peut la renvoyer fur les
derrieres, dans des endroits où elle foit en fûreté &
où elle puiffe trouver du fourrage, à moins qu'il ne
projette de fortir de ces païs, pour faire la Guerre dans
un autre où elle puiffe agir plus facilement.

Mais fi les circonftances l'obligent de refter dans les
montagnes, & que les fourrages lui manquent, il gar-
dera feulement fes Huffards & fes Dragons, les premiers
pour les Détachemens en avant, & les feconds pourront fervir utilement à pied comme de l'Infanterie.

Quoique la Cavalerie foit mal placée dans les montagnes, cependant l'on eft obligé de l'y établir lorfque
la plaine a été dévaftée; mais on ne doit la mettre qu'en
feconde ligne, & dans le païs le moins montagneux,
le plus ouvert & le plus abondant en fourrages : on doit
furtout faire enforte qu'elle ne foit pas à portée d'être
attaquée par l'Ennemi, tant qu'elle ne peut point agir,
parce qu'il eft impoffible qu'elle puiffe fe défendre
contre de l'Infanterie, que l'Ennemi employera
certainement dans ces païs.

Il feroit inutile de parler des précautions que doit
prendre de la Cavalerie dans un païs de montagnes,
parce qu'on ne peut fuppofer qu'on y établiffe de la
Cavalerie feule. Ces précautions ne ferviroient tout au

plus qu'à lui faciliter la retraite, & jamais pour se défendre, & l'Ennemi seroit bientôt maître du païs, si on ne lui opposoit que de la Cavalerie.

CHAPITRE XIII.

De Précautions pour assûrer les Quartiers de Cavalerie dans un païs de plaine & ouvert.

ON se contentera de rapporter ici les moyens, dont George Basta * se servoit pour assûrer ses Quartiers de Cavalerie; ils paroissent d'autant meilleurs qu'ils sont très-simples, d'ailleurs l'autorité d'un homme aussi versé dans l'Art Militaire & aussi généralement approuvé, paroît une loi respectable.

** Gouvernement de la Cavalerie, par George Basta, Liv. 2. ch. 10.*

George Basta suppose un Village au milieu d'une plaine ; il établissoit ses Gardes & ses petits Corps-de-gardes sur les chemins qui aboutissoient aux Quartiers ; il envoyoit ses Détachemens en avant aussi loin qu'il leur étoit possible d'aller, sans risquer d'être coupés ; il plaçoit les Gardes à cent-cinquante pas du Quartier, les petits Corps-de-gardes à proportion, & les Vedettes à cinquante pas des petits Corps-de-garde.

La nuit les Vedettes formoient comme une espéce de couronne autour du Quartier, & assez près l'une de l'autre pour pouvoir s'entendre ; elles devoient tou-

jours marcher l'une vers l'autre, comme si elles vouloient changer de place ; par ce mouvement continuel,
personne ne pouvoit entrer ni sortir du Quartier sans
être vû & arrêté : ses Détachemens qui étoient en avant,
assûroient au loin les dehors, de plus il avoit des patrouilles de trois ou quatre hommes, qui alloient sur
les chemins à deux ou trois cens pas des Vedettes, au
cas que l'Ennemi eût échappé à la vigilance & aux recherches des Détachemens ; ces patrouilles, ainsi que les
Détachemens, s'arrêtoient de tems en tems & écou-
toient attentivement s'il ne venoit point de Troupes à
eux : s'il y avoit des Garnisons peu éloignées, les Détachemens avoient ordre de s'avancer le plus près qu'il
leur étoit possible, premierement pour assûrer la tranquillité du Quartier ; en second lieu pour tenir l'Ennemi en respect, & pour l'empêcher de venir l'inquiéter,
en lui faisant voir qu'on étoit toujours sur ses
gardes.

Ces précautions paroissent très-bonnes ; mais si ce
Quartier est attaqué par de l'Infanterie, que fera cette
Cavalerie dans ce Bourg ou Village ? Tout ce qu'elle
peut faire, c'est de profiter de l'avis des Détachemens
en avant, pour faire partir les équipages, & ensuite
faire sa retraite ; car il est impossible de défendre un
Bourg ou un Village avec de la Cavalerie contre de
l'Infanterie, quelque précaution qu'on ait pû prendre,

en retranchant le Village, en crénelant les Maiſons, &
en envoyant en avant des Détachemens. La Cavalerie
n'a d'autre parti à prendre, lorſqu'elle eſt attaquée par
de l'Infanterie, que de ſe mettre en plaine pour pouvoir agir : des remparts ne ſont point faits pour elle;
c'eſt de ſon épée qu'elle doit attendre la victoire
ou ſon ſalut. Ce Quartier de Cavalerie établi par
George Baſta, ne ſert qu'à prouver la néceſſité de la
vigilance à la Guerre; mais cette conduite ne doit être
ſuivie dans les Quartiers de Cavalerie, que lorſqu'ils
ſont très-expoſés.

C'eſt toujours une très-mauvaiſe poſition à donner
à de la Cavalerie, que de la placer ſeule dans un païs
quelque ouvert qu'il ſoit ; il eſt même très-rare que
les circonſtances l'exigent, mais ſi la ſituation des affaires ou le manquement de fourrage le demandoient,
les précautions de Gorge Baſta paroiſſent bonnes, &
même les ſeules qu'on puiſſe employer pour empêcher
toute ſurpriſe.

Un Quartier éloigné de l'Ennemi, couvert par d'autres Quartiers, dans un païs dont la ſituation ne permet pas à l'Ennemi d'attaquer le Quartier, qu'après
avoir forcé ceux qui le couvrent, demande moins de
précautions qu'un autre Quartier entierement découvert ou du moins expoſé. Cependant on ne doit jamais
ſe négliger ſur les précautions, quand ce ne ſeroit que

pour contenir le Soldat & même l'Officier dans son devoir,& afin qu'il s'en fasse une habitude.Les délices & le repos que les Carthaginois goûterent à Capoue, re-lâcherent la discipline militaire , & firent les succès de Fabius ; & pour parler le langage de Végece, * un pe-tit nombre de Troupes rompues aux pratiques de la Guerre, vole, pour ainsi dire, à la victoire ; au lieu qu'une grande Armée sans principes d'exercice & de discipline, n'est qu'une multitude d'hommes qu'on traîne à la boucherie. Montécuculli dit dans ses Mé-moires, * qu'il n'y a rien de si nécessaire au Soldat que la discipline : sans elle les Troupes sont plus pernieuses qu'utiles, & plus formidables aux amis qu'aux Ennemis.

** Liv. 1.*
ch. 1. §. 1.

** Liv. 1.*
ch. 2. §. 30.

Fin du troisiéme Livre.

LIVRE QUATRIÉME.

CHAPITRE PREMIER.

Des Précautions pour l'Attaque d'un ou de plusieurs Quartiers.

'ENLEVEMENT des Quartiers, est une de ces manœuvres qui ruinent les pro ets de l'Ennemi, qui découragent ses Troupes, qui l'accablent & le détruisent insensiblement.

Le succès dépend de la maniere de les attaquer, de l'adresse & de la prudence du Commandant, du choix des Troupes, du nombre qu'il doit en prendre, du moment favorable qu'il ne doit pas laisser échapper, & enfin de la discipline qu'il doit faire observer lorsqu'il a pénétré dans les Quartiers, soit pour les conserver ou pour sa retraite.

Comme la Garde & la défense des Quartiers demandent beaucoup de précautions & une exacte vigilance, l'attaque exige beaucoup de soins & un secret impénétrable ; elle suppose que le Général a des espions toujours prêts à l'avertir de la moindre négligence de l'Ennemi, qu'il veille sans cesse pour en profiter, qu'il se sert de l'adresse plus encore que de la force pour les enlever ; qu'enfin il connoît leur position par la connoissance qu'il doit avoir de l'assiette du païs, & leur distance de l'un à l'autre, afin de diriger son Attaque vers celui qui peut être le plus difficilement secouru.

** Mémoi-res de Feuq, chap. 6. & 7.*

M. de Feuquieres * dans ses Mémoires, rapporte des exemples fameux d'enlevement de Quartiers, occasionnés par la négligence de ceux qui les gardoient ; on y renvoye le Lecteur. Les exemples instruisent sans doute : mais on pense que lorsque le précepte y est joint, l'instruction est bien plus solide ; le précepte montre ce qu'il faut faire dans telle ou telle occasion, l'exemple justifie le précepte ; il donne à réfléchir, & fait

fait connoître à celui qui étudie, les bonnes ou mau-
vaises manœuvres qui ont été faites dans une action.

La premiere chose que doit observer celui qui veut
enlever un ou plusieurs Quartiers, sans embrasser la totalité, c'est d'en approcher le plus près qu'il pourra,
sans être apperçu des Détachemens ennemis; la seconde c'est de ne marcher aux Quartiers qu'après avoir
fait sa disposition sur la connoissance qu'il a de sa situation.

Il est rare que quelque découvert que soit un païs, il
ne s'y rencontre quelque haie, quelque élevation, quelques ravins ou quelqu'autre avantage, à l'abri desquels on
peut cacher toutes ses Troupes. Afin que l'expédition se
fasse avec plus de promptitude, on doit avoir un nombre suffisant de Cavaliers, pour porter en croupe des
Grenadiers qui serviront aussi à faciliter la retraite après
que l'expédition aura été faite ou manquée.

L'on ne doit s'avancer vers le Quartier qu'au cré-
puscule, & faire l'Attaque à minuit ou à une heure;
il faut partager l'Infanterie en deux ou trois Corps,
suivant la situation du Quartier; la Cavalerie partagée
en autant de Corps, suivra l'Infanterie, & les Hussards
avec les Dragons formeront un Corps séparé, qui
marchera sur les deux flancs, pour prendre les Quartiers par derriere : dans cette position les Troupes marcheront au Quartier en grand silence, chargeront au

Tome II. L

premier qui vive, l'Infanterie la bayonnette au bout
du fusil, la Cavalerie le sabre à la main, & tâcheront
de pénétrer par quelque endroit ; pendant ce tems-là
les Hussards & les Dragons, qui auront tourné le
Quartier, tâcheront aussi de pénétrer de leur côté : si
les derrieres sont gardés par de l'Infanterie retranchée, les Dragons mettront pied à terre, & l'attaqueront aussi sans faire feu & toujours avec la bayonnette.
Cette audace en imprime souvent, surtout à des Troupes entourées & attaquées de toutes parts. Les Hussards
se partageront en plusieurs Troupes, pour empêcher
qu'aucun Soldat ou Païsan ne sorte du Quartier ; la
Cavalerie en fera autant de son côté ; & si une Troupe
d'Infanterie peut percer, le reste trouvera bientôt jour
à y entrer. A mesure que les Troupes y entrent, le
Général qui commande l'Attaque, doit placer une forte Garde sur la place, distribuer des Troupes dans
chaque rue & ordonner de passer par les armes tous
ceux des Ennemis qu'on trouvera les armes à la main.
Il faut commencer toujours par s'assûrer du Commandant & des Officiers ; la Garde qui a été mise sur la
place ne doit point la quitter, afin de pouvoir porter
du secours où l'on pourroit en avoir besoin : par cette
disposition, la défaite de l'Ennemi est certaine. Dès
que toute l'Infanterie sera entrée dans le Quartier, il
ne pourra échapper aucun Soldat, parce que le Quar-

tier eſt entouré par la Cavalerie, les Huſſards & les Dragons, s'ils n'ont pas été obligés de mettre pied à terre, dans ce cas, ils feront Corps avec l'Infanterie.

Dans le commencement de l'Attaque, on ne doit faire aucun quartier à ceux qui veulent ſe défendre, mais quand le ſuccès eſt aſſûré, on doit épargner le ſang, parce qu'il eſt bien plus glorieux de faire des Priſonniers, qui ſont une marque viſible de la victoire, que de maſſacrer des Soldats qui ſe rendent & qui ſont ſans défenſe.

L'entrepriſe eſt plus difficile, lorſqu'au lieu d'un Quartier, on veut en attaquer pluſieurs; les diſpoſitions doivent être relatives à la ſituation du païs, comme dans l'attaque d'un ſeul Quartier; mais comme il faut un plus grand nombre de Troupes, il eſt plus difficile de les cacher, à moins que le païs ne ſoit ſi rempli de bois, ou que l'Ennemi ne ſoit ſi négligent, qu'on puiſſe marcher à ſes Quartiers ſans trouver d'obſtacles, ce qu'il ne faut jamais ſuppoſer; une telle idée annonceroit trop le peu de vigilance de celui qui veut attaquer, & lui feroit prendre moins de précautions que s'il étoit aſſûré de celle de l'Ennemi; en eût-on même une opinion peu avantageuſe, elle ne doit jamais influer ſur l'exactitude d'un Général. Un Général ennemi, dont pluſieurs fautes ont fait connoître l'incapacité,

pourra dans quelque occasion prendre des conseils sa-
ges & les suivre exactement.

Il y a une autre disposition d'Attaque pour un
Quartier, qui paroît plus facile & peut-être meilleure.
L'Officier qui commande le Détachement désigné pour
aller attaquer un Quartier, doit sçavoir l'heure précise
à laquelle l'Ennemi y arrivera, & quelle est sa situation ; par la connoissance du païs & du lieu qu'il
doit avoir, il verra si l'on peut le tourner.

Quand le Commandant du Détachement qui doit
attaquer, sçaura à une heure ou demi-heure près le
moment auquel l'Ennemi peut arriver, il se mettra en
marche assez à tems pour le devancer d'une ou de
deux heures, pour pouvoir s'embusquer avant son arrivée ; & faire ses dispositions pour l'Attaque; que son
Détachement soit plus fort ou plus foible, il doit avoir
la même confiance:dans une surprise ce n'est pas le plus
fort qui l'emporte, c'est celui qui attaque ; un Détachement de trois cens hommes peut enlever un Quartier
où il y en a cinq cens ; il ne faut que le surprendre ; des
Troupes qui en surprennent d'autres,employent à vaincre, le tems que l'Ennemi met à se reconnoître.

La marche doit se faire le plus secrettement qu'il est
possible, & pour cela on doit éviter les grands chemins, tâcher toujours de marcher à l'abri de quelque
bois ou de quelque ravin, marcher la nuit si c'est un

païs de plaine, & arriver, comme on l'a dit, une ou deux heures avant que l'Ennemi y soit, faire suivre l'Ennemi dans sa marche par des espions qui en rendent un compte exact.

Souvent ce ne sont point les païs les plus couverts qu'il faut chercher pour s'embusquer ; au contraire, moins il l'est, moins l'Ennemi aura de soupçon & moins il prendra de précautions ; s'il y a des arbres bien touffus, il faut s'en servir pour y mettre un Soldat en sentinelle, afin qu'il avertisse lorsqu'il découvrira l'Ennemi, & surtout que toutes les Troupes se tiennent prêtes à marcher au premier ordre.

Quand les Troupes qui viennent occuper les Quartiers y sont entrées, il est d'usage de les faire mettre en bataille sur la place s'il y en a une ; s'il n'y en a pas, c'est le long des rues, pour leur distribuer les billets de logement & leur faire les défenses accoutumées, ce qui est bientôt fait ; il faut par conséquent attendre environ une heure, parce que, plûtôt on trouveroit tout le monde sous les armes ; mais comme cette distribution est bientôt faite, qu'alors les Officiers & les Soldats se retirent, à l'exception de ceux qui sont destinés pour les gardes & pour le Piquet, qui restent sur la place jusqu'à ce qu'on les ait placés ; que les Soldats vont chacun à leur logement marqué, où ils posent leurs armes, allument du feu & sont assez occupés à leurs proviſions ; c'eſt le moment favorable de tomber ſur le Quartier ; mais pour cela il faut être aſſûré que l'Ennemi n'a aucune connoiſſance de l'entrepriſe ; on ne peut l'être qu'autant qu'on a le païs pour ſoi, qu'on a fait arrêter tout inconnu, païſans ou autre perſonnes qui paſſent près du Détachement pendant la marche ou près de l'embuſcade.

Si l'Ennemi a été averti après être entré, il laiſſera toutes ſes Troupes ſous les armes & les diſpoſera dans les endroits néceſſaires, & ſurtout aux iſſues du Quartier, qu'il fera fermer avec des chariots ou autres choſes ſemblables ; ſi c'eſt avant, le plus ſûr parti qu'il ait à prendre, eſt d'aller lui-même attaquer les Troupes qui vouloient le ſurprendre, & par cette Attaque imprévûe qu'il fera de tous côtés, en partageant ſes Troupes, il doit eſpérer de faire manquer l'entrepriſe de l'Ennemi, & même de le battre.

M. de Feuquieres * dit que les enlevemens des Quartiers doivent ſe faire la nuit ou au point du jour ; mais il eſt des occaſions qui ne permettent point d'attendre juſqu'à la nuit, & où la ſituation du païs & la négligence des Troupes du Quartier invitent, pour ainſi dire, à l'attaquer promptement, quoique ce ſoit de jour, de crainte que le Commandant ne revienne de ſa négligence, ou que par de bons conſeils il ne change des précautions ſuperficielles en de ſages & utiles.

* Mémoires Tom. 3.
chap. 67.

On voit par l'exemple de M. de Monclar * enlevé
dans fon Quartier, cité par M. de Feuquieres, qu'on
ne fçauroit affez prendre de précautions à la Guerre.
Trop de confiance eft funefte, il faut de la prévoyance & de l'activité, & non une fécurité, qui fouvent
ne vient que de l'incapicité ou de la préfomption.
Si M. de Monclar avoit eu des Gardes & des Détachemens en avant de fon Quartier, l'Ennemi n'auroit pû
venir fondre fur lui fans qu'il en eût été averti affez à
tems pour fe mettre en état de défenfe. Plus on veillera & moins l'Ennemi formera des projets d'attaque;
s'il en forme, du moins trouvera-t-il les Troupes prêtes à le recevoir : les précautions ne feront jamais inutiles & furperflues quelque multipliées qu'elles foient,
pourvû que ce ne foit pas le caprice qui les fuggere :
elles doivent être réfléchies, furtout fi c'eft par la rufe
qu'on cherche à réuffir. M. de Vendôme ne fut fauvé
de l'enlevement, tenté par M. le Prince Eugene en
1702, que par l'étourderie d'un Soldat; entreprife
hardie, mais qui fait tort à la gloire de M. le Prince
Eugene.

Il ne faut fe repofer dans un Quartier ni fur le nombre des Troupes que l'on a, ni fur l'éloignement de
l'Ennemi, parce que des Troupes furprifes font bientôt battues, enfuite parce que tandis qu'on croit l'Ennemi tranquille & éloigné, il eft déja en marche, qu'il

* Remar-
ques. Tom.
3. ch. 64.

compte pour rien la longueur du chemin quand il l'a une fois réfolu, que même cette diftance peut lui promettre un fuccès heureux, par la certitude où il eft qu'un Général peu vigilant ne prend pas les précautions néceffaires.

La furprife la mieux exécutée, dont les commeucemens font les plus heureux & qui promettent une victoire entiere, peut changer de face en un inftant, fi les Officiers ne font pas attentifs à tenir leurs Troupes enfemble, & s'ils ne les empêchent pas de quitter leur rang pour piller.

Il doit y avoir peine de mort pour le premier qui s'écartera de la troupe fans ordre: pour prévenir cet inconvénient, il doit toujours y avoir un Officier à la tête des petites Troupes détachées de celles qui font entrées dans les Quartiers, pour empêcher l'Ennemi de fe réunir.

Si les Troupes qui font entrées dans chaque Quartier, foit Infanterie ou Cavalerie, s'amufent à piller avant que l'Ennemi foit entierement battu, celles qui font attaquées en trouveront bien moins à combattre, & par conféquent auront plus de facilité à fe réunir, & à former un Corps en état de fe défendre; leurs Chefs pourront plus aifément donner des ordres, & pourront même changer la face des affaires; l'affaillant victorieux, fe trouveroit bientôt attaqué, même vaincu & hors d'efpoir de faire une retraite fans

perdre

perdre beaucoup de monde ; car outre que tout ce qui
feroit occupé à piller, ne pourroit fe fauver, il feroit
affûré d'être fuivi de bien près dans fa retraite, & de
voir échapper la victoire de fes mains dans celles de
l'Ennemi.

On peut attaquer, être repouffé & fe retirer même
avec perte fans honte, lorfque dans l'attaque on a pris
toutes les précautions pour réuffir, & que la retraite fe
fait avec ordre ; mais il eft honteux, après avoir battu,
de l'être foi-même par fa faute ; cela ne peut arriver
qu'à un homme fans talens pour la Guerre, par conféquent incapable de commander, ou qui a le malheur
d'être à la tête de Troupes fans difcipline.

Le pillage ne peut être permis dans des Quartiers
que l'on attaque ou qu'on force, parce que les Quartiers font ou dans un païs ennemi ou ami ; fi c'eft dans
un païs ennemi, le Soldat ou le Cavalier, en pillant
les équipages des Troupes battues, pille auffi le Bour-
geois ou le Païfan, d'où il réfulte toujours plus d'inconvéniens que de profit.

Les Troupes, qui veulent étendre leurs conquêtes,
doivent fe rendre favorables les Habitans des païs qu'ils
veulent conquérir ; cette amitié leur fera plus utile dans
les fuites, que tout le butin qu'ils pourroient faire :
c'étoit la politique des Romains, qui faifoient toujours
précéder de la clémence & de la paix, la févérité &

les horreurs de la Guerre ; ils maſſacroient rarement ceux qu'ils pouvoient eſpérèr de faire leurs Priſonniers ; les peuples conquis devenoient leurs Alliés.

Si l'on a uſé contre les Habitans des païs qu'on ſubjuge de trop de ſévérité, au lieu de Sujets fidéles, le vainqueur ne trouvera que des cœurs ulcérés & des ennemis, que la crainte retiendra plûtôt que l'amour ; les Païſans qui auront perdu leurs beſtiaux, leurs récoltes & leurs biens, trouveront ſouvent des reſſources dans leur déſeſpoir, & s'ils n'oſent ſe révolter ouvertement, ils deviendront autant d'Eſpions dangereux.

Si c'eſt dans un païs ami, l'intérêt eſt encore plus grand, & on ne doit pas avoir moins d'attention ſur la conduite du Soldat : ce ſeroit une bien mauvaiſe politique de ruiner pour toujours des familles entieres, pour enrichir quelques Soldats pour peu de tems ; une telle injuſtice feroit murmurer, & l'on a vû ſouvent la révolte ſuivre de près le murmure ; il eſt vrai qu'on doit être attentif à ne pas fruſtrer le Soldat de ce qui doit lui revenir & de ce qui lui eſt dû, les bagages & les chevaux des Ennemis lui appartiennent naturellement. La diſtribution doit s'en faire avec équité, elle ne doit pas être faite dans le Quartier enlevé, mais au Camp & aux Quartiers d'où les Troupes ſont parties.

Lorfque les Quartiers font entierement foumis, il faut commander des chariots, y faire mettre les bleffés amis ou ennemis, & s'il en refte encore y faire charger les bagages des Troupes vaincues, & leur faire prendre le chemin des Quartiers ou du Camp des Troupes victorieufes, efcortés par deux Détachemens, l'un de Cavalerie & l'autre d'Infanterie ; celui de Cavalerie menera en main les chevaux qui auront été pris ; ce Détachement conduira ces chariots par le chemin le plus court, & par le moins fufceptible d'embufcades ; s'il y a des magafins de fourrages, & qu'on ait le tems de les faire charger fur d'autres chariots, il faut le faire ; fi le tems eft trop court, il faut y mettre le feu, à moins qu'on n'ait un ordre précis du Général de l'Armée pour les enlever ; alors il faut les préférer aux bagages, & permettre à chaque Soldat, Cavalier, Huffard ou Dragon, d'emporter ce qu'il pourra, fans cependant que la charge trop forte l'empêche de marcher aifément, & que la marche en foit retardée. Ils doivent avoir ordre en arrivant au Camp ou au Quartier, de dépofer tout dans un endroit marqué, où la vente fe fera.

Il faut vendre à l'encan les équipages & les chevaux pris, & on en diftribuera par place, l'argent à chaque Soldat ou autres qui étoient du Détachement : on doit avoir une grande attention de faire diftribuer ce butin aux Troupes, afin que ce qu'elles ont gagné les anime à se conduire encore mieux dans une autre occasion, & leur faire entendre que ce qu'on leur donne, est une récompense de leur valeur, & non un salaire de leurs travaux.

Lorsque les Quartiers sont forcés, que les Prisonniers sont sous une garde, & que ceux qu'on n'a pû prendre se sont retirés, il faut songer à la retraite, de crainte que ceux qui pourroient avoir échappé, ayant porté l'allarme aux Quartiers voisins, l'Ennemi ne vienne en force & n'attaque le Détachement lorsqu'il est encore dans le Quartier forcé ou dans sa retraite. Ces raisons doivent engager à faire un retraite prompte, & à se débarrasser sur le champ des chariots où sont les blessés, ensuite ceux où sont les fourrages & les équipages pris, & à faire partir le tout promptement par le chemin le plus court, sous l'escorte d'un gros Détachement.

Mais si le Commandant a ordre du Général de se maintenir dans ses Quartiers, alors il doit agir, comme on l'a déja dit, touchant la sûreté des Quartiers ; mais il doit toujours renvoyer sous une escorte les blessés & les équipages, pour n'en être pas embarrassé, au cas que l'Ennemi vienne l'attaquer. Les précautions qu'il doit prendre pour conserver le Quartier enlevé, doivent être très-exactes, parce qu'étant plus près de l'Ennemi, il est plus exposé à en être inquiété ; il est d'ailleurs évident qu'il fera tous ses efforts pour tâcher de le surprendre & de l'en chasser ; d'ailleurs connoissant ces Quartiers, il lui est facile de former un projet d'attaque & de l'exécuter avec succès.

CHAPITRE II.

Attaque d'un ou de plusieurs Quartiers, lorsque l'Ennemi est arrivé de nuit & fatigué par une longue route.

LA circonstance la plus favorable pour attaquer un ou plusieurs Quartiers, c'est lorsque les Troupes sont arrivées dans la nuit ou à la fin du jour, parce que le Commandant ne peut pas avoir le tems de reconnoître parfaitement ses Quartiers, que les Troupes fatiguées de la marche feront mal le service, que le Commandant à cause de cette fatigue mettra des postes trop foibles, & ne fera point boucher les avenues des Quartiers, que connoissant mal le païs il placera mal ses postes & négligera peut-être les endroits les plus exposés, & quand même il les placeroit bien, & qu'il auroit fait fermer toutes les avenues, les Troupes qui sont dans ces postes seront-elles suffisantes pour repousser l'assaillant que la nuit leur rend encore plus formidable, ces Troupes ne se sentant pas soutenues par le reste des Troupes qui sont endormies ? Peut-être même le Commandant accablé de fatigues n'aura-t-il pas envoyé des Détachemens au-dehors, ou s'il en a envoyés, ils ne seront que très-foibles. Il est même probable qu'il n'aura fait que très-légérement la visite des environs des Quartiers, & qu'il s'en sera reposé sur quelques Officiers.

Mais quand même on seroit assûré que le Commandant auroit pris toutes les précautions indiquées plus haut, il y auroit de la foiblesse de négliger cette Attaque : il se peut qu'elle ne réussisse point, mais du moins n'y a-t-il rien à craindre, parce qu'on peut se retirer comme on veut ; on n'a point à risquer que les Troupes du Quartier suivent celles qui les auront attaquées, parce que ne connoissant pas le païs, elles auroient à craindre de s'égarer ou de tomber dans quelques embuscades, & elles se contenteront de n'avoir point été forcées.

Le moment de l'Attaque doit être entre minuit & une heure, pour donner aux Troupes le téms de se loger, de souper & de se coucher, ce qu'elles ne tardéront point à faire, à cause de la fatigue.

On doit observer pour l'enlevement des Quartiers, ce qui a déja été dit, s'avancer le plus près que l'on

pourra, obſerver un grand ſilence, partager les Troupes en pluſieurs Corps, &. pendant que deux de ces
Corps attaqueront avec vigueur différens poſtes, que
la fatigue rendra trop foibles pour réſiſter à un Attaque imprévûe, les deux autres tourneront le Quartier,
tâcheront de s'y inſinuer, s'empareront de la Place &
détacheront de tous côtés des Troupes pour empêcher celles qui y ſont de ſe réunir. Le Commandant &
les Officiers obſerveront ce qu'on a déja dit ci-deſſus,
par rapport au Commandant & aux Officiers du Quartier, parce que n'y ayant plus perſonne pour donner
l'ordre, la confuſion & la terreur s'empareront des Troupes attaquées, & un Quartier ainſi ſurpris ne peut manquer d'être enlevé.

Les deux Corps qui ont attaqué les poſtes, détacheront deux petites Troupes chacune, pour tourner
autour du Quartier & pour arrêter les Fuyards.

En ſuppoſant que les Soldats & les Officiers négligent leur ſûreté, ſi les Troupes qui ſont arrivées le
ſoir ſont en grand nombre & qu'elles occupent pluſieurs Villages, on doit tenter de tout enlever ou du
moins une grande partie, ce qui ſuppoſe une
grande connoiſſance du païs dans le Commandant.

On ſuppoſe quatre Villages à attaquer, il doit alors
former deux attaques fauſſes & deux vraies, partager

fès Troupes en fix Corps, mettre un Officier expérimenté à la tête de chacun, & des guides fûrs pour les conduire au Quartier qu'ils doivent attaquer. Les deux qui formeront les fauffes Attaques, feront plus foibles que les autres quatre, qui feront les deux Attaques véritables,& lorfqu'on fera à portée des Quartiers Ennemis, chaque Corps fe partagera, & attaquera enfemble autant qu'il le pourra.

C'eft au Commandant à décider des vraies ou des fauffes attaques ; fuivant la pofition des Villages elles peuvent être faites indifféremment, par le centre ou fur les flancs ; cependant fi le terrein le permet, les Attaques réuffiront mieux par le centre, parce que fi ceux du centre font forcés, ceux des flancs ne pouvant point fe prêter du fecours, ne pourront plus tenir.

Les quatre plus forts fe partageront & attaqueront deux Quartiers; les deux autres occuperont les Quartiers des flancs, pour divertir l'attention de l'Ennemi & pour l'empêcher de porter du fecours à ceux qui font réellement attaqués : lorfque les Quartiers du centre auront été forcés, deux des Corps marcheront où font les fauffes Attaques, & pendant que les Troupes qui les tiennent en refpect, les occuperont en tête, ils tourneront les Quartiers, & par cette pofition, mettront l'Ennemi entre deux feux, & le contraindront de mettre bas les armes.   Dans

Dans chaque Village forcé, il reſtera un Corps de Troupes, les autres ſuivront quelque tems l'Ennemi, qui aura pû s'échapper pour l'empêcher de ſe rallier.

On doit obſerver que chacun des Corps déſignés pour les vraies Attaques, doit être au moins auſſi fort que les Troupes qui ſont dans chaque Quartier, parce que ſa ſupériorité & la ſurpriſe de l'Ennemi lui aſſûreront le ſuccès: on doit obſerver auſſi que ceux qui ſont chargés des fauſſes Attaques, doivent être aſſez forts pour occuper l'Ennemi ſans en être repouſſés.

Les Corps deſtinés pour les vraies Attaques feront la même manœuvre que celles dont on a parlé, pour l'Attaque d'un ſeul Quartier ; c'eſt-à-dire, que le ſecond Corps ſe partagera & tournera le Quartier, pour tâcher d'y pénétrer ce qui peut aſſûrer l'enlevement Quartiers.

Voyez la Planche vingt-quatriéme.

CHAPITRE III.

De la Retraite après la prise d'un ou de plusieurs Quartiers.

DANS tous les projets qu'on médite & qu'on veut mettre en exécution, il faut toujours prévoir tout ce qui peut arriver : comme une attaque, telle qu'elle soit, peut avoir une issue heureuse ou malheureuse, il faut, avant d'exécuter l'attaque d'un ou de plusieurs Quartiers des Ennemis, faire ses dispositions en cas d'échec ou de réussite : le Commandant du Détachement donnera au Chef de chaque Troupe & à tous les Officiers particuliers d'Infanterie, de Cavalerie ou autres, un signal pour la retraite, au cas qu'on ne réussisse point dans l'attaque ou après la prise des Quartiers. Ce signal consistera en deux ou trois appels. A ce signal on se rendra à un lieu désigné pour la réunion, comme à l'entrée des Quartiers, afin que de-là on se rende sur le chemin qui conduit au Camp ou à l'endroit d'où sont parties les Troupes.

Il n'y a aucun doute que ceux des Ennemis qui auront pû échapper, n'avertissent les Quartiers voisins, & que les Troupes qui y sont, ne viennent en force,

non-seulement pour tâcher de reprendre le Quartier ;
mais encore pour attaquer & tâcher de battre le Détachement, qui ne peut qu'être fatigué de la premiere Attaque, & regagner ainsi les Prisonniers, les fourrages
& les équipages des premieres Troupes battues, ce
qui ne se feroit pas sans perdre beaucoup de monde.

Si l'on parvient à chasser l'Ennemi, il faut le faire
suivre quelque tems de loin par les Hussards, qui ne
doivent pas s'éloigner de plus d'une demi-lieue ; pendant ce tems-là, la Cavalerie se rassemblera au lieu
marqué pour la réunion ; l'Infanterie sortira aussi des
Quartiers & se rendra à la même place, à l'exception
de quelques Troupes que le Commandant laissera dans
ces Quartiers, avec des Officiers pour rassembler tous
les chariots & y faire mettre les blessés, les fourrages
& les équipages, qui partiront sous l'escorte d'un gros
Détachement, dès qu'ils seront chargés.

Après leur départ, le Commandant fera revenir les
Hussards qui suivent l'Ennemi, il en laissera une ou
deux Troupes à l'entrée de chacun des Quartiers, qui
feront face du côté de l'Ennemi ; elles resteront à l'endroit où elles auront été placées jusqu'à ce qu'on les
fasse avertir de se retirer ; elles doivent avoir en avant
un petit Corps-de-garde chacune & des Vedettes plus
loin.

Lorsque le reste des Troupes sera rassemblé, le

Commandant en fera faire l'infpection, & s'il trouve qu'il lui manque plus de monde que le nombre qu'il croit avoir perdu dans l'Attaque, il détachera autant de Troupes d'Infanterie qu'il y a de Villages, avec des Officiers à leur tête, pour les vifiter & faire rejoindre ceux qui s'y trouveront.

Lorfque la caufe de leur retardement fera connue, fi c'eft le pillage qui les a retardés, il faut prendre leur fignalement, & lorfqu'on fera arrivé au Camp ou aux Quartiers, il faut mettre les Soldats au Piquet ou à la garde du Camp, & les Cavaliers à la garde de l'Etendart, & les uns & les autres en prifon, fi l'on eft dans des Quartiers. Pour les rendre à l'avenir plus exacts à obéir aux ordres & à ne point quitter leur Troupe pour piller, la part du butin qui devroit leur revenir, fera diftribuée à leurs camarades; ainfi les coupables feront punis, & cet exemple fera un avis pour le refte des Troupes.

Lorfque tout aura joint, & que les chariots feront en marche avec leur efcorte, on fera marcher les Troupes en ordre felon la nature du païs; fi c'eft un païs de bois, l'Infanterie fera l'Arriere-garde; fi c'eft une plaine, la Cavalerie la fera & les Huffards feront fur les flancs; fi c'eft un païs de brouffailles, des pelotons d'Infanterie feront entremêlés avec la Cavalerie & toujours fur le plus grand front qu'il fera poffible.

fi enfin c'eft un païs coupé alternativement de bois,
de plaines, de monticules, de ravins & de ruiffeaux,
il faut fe fervir de deux armes relativement au païs que
parcourt le Détachement, c'eft à l'Officier commandant à donner fes ordres & à prévoir les manœuvres
pour pouvoir les donner juftes, afin qu'ils s'exécutent avec promptitude. Dès que le Détachement
commencera à s'ébranler, on fera avertir les Troupes de Huffards qui font de l'autre extrémité des
Quartiers pour qu'elles fe rétirent ; elles feront l'Arriere-garde du tout, & laifferont leurs petits Corps-de-
gardes pour faire la leur ; on ne doit pas négliger dans
cette occafion de détacher fur les flancs de droite &
de gauche des petites Troupes pour vifiter les Villages, bois & ravins, dans la crainte que l'Ennemi fur
la feule nouvelle que les Quartiers ont été forcés, n'ait
pris un chemin plus court, & ne fe foit embufqué fur
le chemin que le Détachement doit tenir à fon retour,
& qu'il ne fe venge amplement des Quartiers forcés, ne
tombant de tous côtés fur le Détachement déja fatigué.

Pour obvier à cet inconvénient, après la fuprife
d'un Quartier, il faut, autant qu'on le peut, fe retirer
par un chemin différent de celui qu'on a pris pour venir attaquer ; fi par la fituation du païs on ne le peut, à
moins que de faire un trop long détour, on ne doit
point fe charger de ce qui pourroit embarraffer dans la

marche, & c'eſt ſurtout dans cette occaſion qu'il eſt néceſſaire d'avoir envoyé devant ſous une bonne eſcorte, les bleſſés, les fourrages, les équipages & les chevaux pris, afin que le Détachement libre de tout embarras, puiſſe ſe défendre en cas d'Attaque.

On ne ſçauroit faire fouiller aſſez exactement tout ce qui pourroit contenir des embuſcades ; enfin un Détachement qui ſe retire après quelque expédition, doit, autant qu'il le peut, éviter le combat dans ſa Retraite, quand même il ſeroit plus fort que l'Ennemi, & tâcher après avoir réuſſi dans ſon entrepriſe, de ſe retirer ſans haſarder un ſecond combat, ſurtout contre des Troupes fraîches.

Au moindre avis que l'Ennemi a formé quelque embuſcade, il faut quitter le chemin qu'on a pris, celui qui reſte à prendre fut-il plus long : les Troupes embuſquées ne pourront s'appercevoir d'abord de ce changement ; ainſi le Détachement ayant une avance conſidérable, il ne pourra être joint tout au plus que par des Huſſards ou des Dragons, qui pourroient attaquer ſon Arriere-garde, dans ce cas il faut y laiſſer deux ou trois chariots de fourrages, ils ſeront placés entre l'Arriere-garde, qui ſera d'Infanterie, & les Troupes de Huſſards, qui feront l'Arriere-garde du tout ; s'ils apperçoivent l'Ennemi, ils barreront le chemin avec ces chariots, & y mettront le feu après avoir détellé les chevaux, pour retarder sa pourfuite, & pour donner le tems au Détachemens & aux chariots qui font à la tête, de gagner du terrein, ce qui réuffira certainement fi le chemin eft étroit & qu'on ne puiffe paffer à droite ni à gauche.

Si la fituation du païs ne permet pas qu'on puiffe efpérer par ce moyen de retarder fa pourfuite, il faut mettre tous les chariots de fourrages & des bagages, pris à l'Arriere-garde, pour accélérer la marche ; mais non ceux des bleffés, qui doivent être confervés pré-cieufement : fi l'Ennemi vient, il faut dételler les che-vaux & mettre le feu aux chariots, afin qu'ils n'en profitent point ; s'il ne vient point, ces chariots ne feront point perdus & joindront le Détachement.

Il ne faut point fe croire hors de danger, fur ce qu'on n'aura d'abord apperçu que des Huffards qui ne peuvent rien contre de l'Infanterie foutenue par de la Cavalerie, parce que ces Huffards peuvent n'être venus en avant que pour amufer le Détachement, & l'arrêter autant de tems qu'il en faut à l'Infanterie qui les fuit, pour joindre & pour attaquer en force le Détachement ; ainfi il faut toujours marcher en con-tenant les Huffards Ennemis, & conferver les chariots jufqu'à ce qu'on apperçoive leur Infanterie ; mais fi par le retard que l'attaque des Huffards Ennemis peut apporter, leur Infanterie a le tems de joindre, &

qu'on ne puisse éviter le combat qu'en mettant le feu aux chariots, il faut le faire & en dételler auparavant les chevaux, pour pouvoir du moins les emmener en leur faisant prendre la tête du Détachement ; les Troupes n'étant plus embarrassées de ces chariots, pourront marcher plus légerement, ou du moins elles n'auront plus d'autre objet que leur défense, sans être obligées de songer à celle des chariots : les Hussards trop foible, pour résister à l'Ennemi réuni, se retireront sous la protection de l'Infanterie ; si ce ne sont que des Hussards qui viennent attaquer l'Arriere-garde, en couvrant les chariots de quelques Troupes d'Infanterie, ils seront en sureté. Si l'Ennemi, soit Hussards ou Infanterie, ne peut joindre, les Hussards qui font l'Arriere-garde des chariots, suffiront pour les conduire à leur destination.

On doit, autant qu'on peut, conserver l'avantage qu'on a gagné sur l'Ennemi, soit en faisant des Prisonniers, ou en lui enlevant ses fourrages & ses équipages, mais il vaut mieux abandonner ces deux derniers que de risquer un second combat ; cependant il faut faire ensorte qu'il n'en profite point & y mettre le feu. Il faut éviter qu'il ne les reprenne ; il auroit trop à se glorifier de cet avantage ; on le risqueroit cependant par un second combat ; & en voulant tout conserver, l'on s'exposeroit à perdre le fruit de l'attaque, & peut-être le Détachement.

CHAPITRE

CHAPITRE IV.

*Attaque d'un Quartier trouvé sous les Armes , & Retraite
des Troupes qui n'ont pû le forcer.*

QUELQU'INSTRUIT que l'on puisse être par ses
Espions de la vigilance que l'Ennemi apporte
dans ses Quartiers pour sa sureté, il peut arriver qu'ils
se soient trompés ; par conséquent il est nécessaire,
avant que d'entreprendre l'Attaque de ces Quartiers,
que le Commandant du Détachement se mette en état
de n'ètre pas repoussé par l'Ennemi qu'il peut trouver sous les armes ; ce qui seroit très-difficile, ou du
moins ne se feroit qu'avec perte, si l'on ne prenoit toutes les précautions nécessaires dans cette occasion.

On suppose un Quartier en avant, ou sur le flanc de
ceux de l'Armée, ou pour servir de Vedettes à l'Armée, ou pour garder une communication avec quelque Place, mais qui n'est pas assez éloigné des Quartiers pour n'avoir pas le tems d'avertir , ni pour recevoir du secours, à moins qu'il ne soit surpris dans son
poste. (ce qui n'est pas à supposer, parce que dans
quelque position qu'on se trouve, on ne doit jamais
l'être.) On suppose que dans ce Quartier il y a un Bataillon & deux Escadrons de Hussards.

Le Commandant du Quartier doit être actif à pré-

voir toutes les entreprises que l'Ennemi pourroit former contre lui, ses postes doivent être bien distribués,
son Quartier bien retranché, & les Détachemens en
avant pour la découverte doivent l'avertir si l'Ennemi
s'avance sur lui ; il doit encore avoir des Espions sûrs
qui l'informent de tout ce qu'il fait, & des moindres
Détachemens qu'il fait sortir ; avec ces connoissances
& ces précautions il peut espérer de faire manquer les
entreprises de l'Ennemi, & même le contraindre de se
retirer avec perte. Ce succès ne peut manquer à un
Officier qui joint la vigilance & la capacité, à l'amour
de son devoir & de sa réputation.

On a observé que la Place d'Armes doit être établie
pour l'Infanterie sur la Place, afin que de-là elle puisse
se porter ensemble sur le front du Quartier, & s'emparer des Maisons qui auront été crénelées ; qu'il doit y
avoir des coupures à toutes les issues du Quartier. S'il y
a de la Cavalerie, la Place d'Armes doit être sur le
flanc en dehors du Quartier, pour pouvoir agir selon
les circonstances.

Lorsque le Commandant est informé que l'Ennemi
vient à lui, ou qu'il prévoit qu'il sera attaqué, il doit
d'abord faire avertir les Quartiers les plus voisins, qu'on
suppose avoir ordre du Général de marcher à son secours au premier avis, & marcher lui-même à celui
des autres. L'ordre pour le secours que tous les Quar-

tiers doivent se donner mutuellement, doit être général. Ensuite il fera mettre sans bruit son Infanterie
sous les armes & la postera aux endroits reconnus ; il
fera monter ses Hussards à cheval, & les mettra à la
Place d'Armes marquée. Ils se cacheront, s'il se peut,
derriere des Maisons ou des hayes ; il doit laisser entrer
dans le Quartier tous ceux qui voudront y venir, mais
défendre à tout le monde d'en sortir. Si c'est dans un
païs ennemi, il doit empêcher de sonner les cloches,
de mettre des signaux au clocher, d'allumer des feux,
ou de donner d'autres indications, ni rien qui puisse
avertir l'Ennemi de ce qui se passe. On doit faire observer dans tout le Quartier un silence profond, &
faire ensorte que le Quartier paroisse aussi tranquille
qu'à l'ordinaire ; cependant les barrieres qui sont aux
coupures doivent être fermées, les Détachemens doivent rester en avant jusqu'à ce que l'Ennemi paroisse :
mais dès qu'ils l'appercevront, ils enverront au qui
vive, & feront leur retraite vers le Quartier en faisant
toujours feu sur l'Ennemi ; ils se placeront ensuite sur
le flanc des Hussards, qui seront déja à leur Place
d'armes.

Lorsque le Quartier est attaqué, les Troupes tiendront
ferme pour attendre le secours qui ne peut manquer
d'arriver : cette certitude doit augmenter leur audace
& assurer leur défense. Comme sans doute le Détache-

ment ennemi fera fort, & qu'il fera compofé d'Infanterie, de Huffards ou de Dragons & peut-être même
de Cavalerie, les Huffards du Quartiers n'étant pas
affez en force pour leur réfifter, ou ils s'aideront du feu
de l'Infanterie du Quartier, ou ils fe retireront vers les
Quartiers voifins, pour attendre & accélérer le fecours.

Dès la premiere nouvelle que les Quartiers voifins
auront eue, ils feront monter à cheval ce qu'ils ont de
Cavalerie, de Huffards ou de Dragons, qui feront fuivis de l'Infanterie, lorfque toutes ces Troupes feront
à un quart de lieue du Quartier attaqué, elles fe partageront en deux; la moitié fera compofée d'Infanterie
ou de Cavalerie, avec la moitié des Huffards du Quartier; l'une prendra fur la droite & l'autre fur la gauche, pour prendre l'Ennemi par fes flancs.

L'Ennemi près d'être attaqué par fes flancs, voyant
arriver du fecours & n'étant plus affez en force, doit fe
retirer devant ce renfort de Troupes; mais comme avant
d'attaquer il doit avoir prévû fa Retraite, il faut qu'il
place une Embufcade dans quelque bois, quelque
ravin, quelque haie ou derriere quelque hauteur, n'y ayant point de païs qui n'offre quelqu'un
de ces objets. Cette Embufcade fera d'Infanterie & de Huffards, & fera placée fur le chemin qu'on
a deffein de tenir dans fa Retraite. Ces Troupes ont

deux objets, celui de faciliter la Retraite, au cas qu'on soit attaqué vivement & repoussé, & celui de charger & de battre l'Ennemi, s'il est assez imprudent pour suivre trop loin & sans précautions; par-là du moins quelques Troupes seront battues, avantage qui dédommage en quelque sorte de n'avoir pû réussir dans l'enlevement du Quartier; mais si ces Troupes se tiennent sur leurs gardes, & ne suivent le Détachement qu'à une certaine distance, celui qui fait sa Retraite, peut, à l'aide de cette Embuscade, la faire tranquillement.

Les Troupes qui suivent l'Ennemi qui se retire, feroient une grande faute de le suivre trop loin, & plus qu'elles ne peuvent voir devant elles; ainsi elles doivent s'arrêter dès qu'elles peuvent craindre quelque Embuscade, & rester pendant un certain tems, pour s'assûrer de la Retraite de l'Ennemi: avant de se retirer, il faut détacher quelques Partis d'Infanterie & de Hussards, pour être plus assûré de la Retraite de l'Ennemi; mais ces Partis doivent marcher avec beaucoup de précautions pour n'être pas coupés.

CHAPITRE V.
De l'Attaque des Quartiers d'une Armée.

UN Général, dont la Campagne n'a pas été heureuse, qui n'a pû chasser l'Ennemi de son païs,
& qui l'a vû au contraire établir des Quartiers dans ce
même païs, doit faire son possible pour l'inquiéter,
tâcher de l'empêcher de se rétablir par des Détachemens
continuels, & par des allarmes fréquentes, qui l'enga-
gent à fatiguer ses Troupes.

Il n'est pas douteux que plus il l'inquiétera dans ses
Quartiers, moins il sera en état d'entrer en Campagne de bonne heure, parce qu'il aura été fatigué
pendant tout l'hyver, & que par conséquent son
Infanterie n'aura pas eu le tems de se recruter & d'être
exercée, par le mouvement continuel des Troupes,
& par les pertes qu'elles auront pû faire dans ces divers
Détachemens. Sa Cavalerie aura toujours été en l'air,
pour voler au secours de l'Infanterie, par conséquent
elle ne sera point remise, & rentrera en Campagne en
aussi mauvais état qu'elle en étoit sortie ; celui qui attaque, peut d'autant plus aisément fatiguer l'Ennemi,
qu'il n'employe que les Troupes qu'il veut, au lieu
que celui qui est attaqué, est nécessairement obligé de
de se servir de toutes les siennes, ou du moins d'une

grande partie : parce qu'il ignore le nombre de celles qui viennent l'attaquer, le côté par où il le fera, & s'il n'y aura pas plusieurs Attaques.

Souvent il ne faut qu'un très-petit nombre de Troupes pour faire mettre des Quartiers entiers sous les armes, & un Général expérimenté qui se voit resserré par ceux de l'Ennemi, peut en n'employant que très-peu de Troupes, réparer par sa vigilance les pertes qu'il a faites pendant la Campagne, & ôter à l'Ennemi le repos & la tranquillité, dont il s'étoit flatté de jouir dans ses Quartiers d'hyver ; il peut même lui faire perdre le fruit de sa derniere Campagne, & l'obliger à lui abandonner, par le mauvais état de ses Troupes, le païs dont il s'étoit emparé.

Pour attaquer des Quartiers il faut garder à-peu-près la même conduite que pour les assûrer, avec une connoissance exacte du païs, examiner les endroits les plus foibles, & par où l'on puisse pénétrer plus facilement, donner à l'Ennemi deux ou trois fois des Attaques fort légéres & se retirer, sous prétexte qu'on n'est point en force, ou que les Détachemens qu'on fait vers lui, ne font pas dans la crainte qu'il ne vienne lui-même inquiéter les Quartiers, rester quelques jours sans faire sortir de Détachement pour exciter sa négligence, envoyer des Espions dans ses Quartiers, sous prétexte d'y vendre des denrées ou autres choses. Les Espions doivent être intelligens & capables de rendre un compte exact de tout ce qu'ils auront vû & entendu.

Ces Espions doivent examiner la position des Quartiers, la quantité des Bourgs ou Villages occupés par les Troupes, l'étendue du terrein qu'elles embraffent, l'éloignement de la droite à la gauche, s'il y a une Riviere qui couvre les Quartiers, fi le ponts en font coupés & s'il y a quelques gués qui n'ayent point été rompus, fi les Troupes font exactemrnt le fervice, fi l'on fait fouvent fortir des Détachemens, leur nombre & leur force ; ils les fuivront, autant qu'ils pourront, pour voir leurs manœuvres, & pour fçavoir jufqu'où ils s'avancent ; enfin ils doivent examiner tout, de façon qu'ils puiffent rendre un compte exact de la fituation du païs, des Quartiers & des précautions qu'ils prennent pour fe garder, foit intérieurement, foit extérieurement.

Par la connoiffance que le Général doit avoir du païs, qui eft le fien, comme on l'a fuppofé, il jugera fainement du rapport de fes Efpions ; mais quand même ce païs ne feroit pas le fien, il doit s'en inftruire par les Cartes, par les Païfans & par les principaux Habitans des Bourgs ou des Villages voifins des Quartiers, qu'il doit mettre dans fes intérêts, & par-là il peut connoître fi le rapport de fes Efpions eft fidéle ; cependant il ne doit point s'en rapporter à un feul, mais en

envoyer

envoyer plufieurs à différens tems, & furtout fuivant le précepte de M. le Maréchal de Puyfégur, faire enforte qu'ils ne fe connoiffent point, les interroger féparément & fouvent fur des chofes peu importantes.

Quand le Général fe fera bien inftruit de tout, & qu'il aura pris toutes les précautions dont on vient de parler, il doit tâcher de découvrir quel eft le génie du Général ennemi, s'il eft vigilant, actif ou pareffeux, s'il aime plus fes plaifirs que fon métier, s'il eft eftimé de fes Troupes, s'il en a la confiance, s'il eft ferme & s'il aime trop les confeils.

Il y a de la préfomption à n'en jamais demander, de la foibleffe & de la timidité à n'ofer rien entreprendre fans recourir aux confeils, de la prudence à en recevoir dans l'occafion. La modeftie & la méfiance de fes propres lumieres, marquent un homme éclairé, qui connoît l'importance des occafions ; mais il eft honteux de ne fe conduire jamais que par les autres ; un tel homme eft chancelant & rifque d'être fouvent trompé, parce qu'il fe laiffe perfuader par le dernier qui le confeille ; il eft des circonftances où l'indétermination eft funefte, fouvent le moment eft favorable pour l'Attaque, fouvent l'Ennemi actif, eft fur le point de profiter de l'occafion qui s'offre à lui, & il faut fe mettre en défenfe, fouvent le tems preffe pour la retraite, fouvent

enfin si l'on ne se saisit d'une position avantageuse,
l'Ennemi pourra s'en emparer ; dans ces occasions le
tems qu'on employeroit à discuter des avis, qui certainement se trouveroient partagés, peut être employé
très-utilement contre l'Ennemi.

On doit cependant distinguer l'irrésolution, d'avec
la méfiance de soi-même ; l'une est une lenteur de l'esprit, une timidité d'ame, qui passe d'un objet à l'autre,
qui ne voit que les obstacles, sans que le génie lui four-
nisse des ressources pour les surmonter ; l'autre est l'effet d'un esprit sage, d'un coup d'œil pénétrant qui connoît l'étendue de ses lumieres, sans trop étendre les
bornes de son génie.

Un Général ne doit pas moins s'attacher à étudier
les personnes capables de lui donner de bons conseils,
qu'à les exécuter avec justesse ; les personnes les plus
séduisantes par leur esprit, & qui ont le plus d'agré-
ment dans la société, ne sont pas celles à qui il doit
recourir dans des occasions les plus pressantes ; il doit
plûtôt rechercher celles dont le jugement solide & ré-
fléchi, n'est assis que sur des principes sûrs & qui soient
éprouvés par l'expérience.

Lorsque le Général qui projette d'attaquer les Quartiers que l'Ennemi aura pris, & qu'il se fonde & sur la
connoissance qu'il a du païs, & sur le rapport de ses
Espions, il doit faire assembler les principaux Officiers

ou ceux qu'il veut charger des différentes Attaques, leur donner ses ordres, & surtout leur recommander un grand secret.

Selon la position des Quartiers, il formera trois Attaques vraies ou trois fausses ; ces dernieres seront dirigées vers les endroits les plus forts ; les vraies aux endroits les plus faciles à forcer : comme le centre & les deux appuis de la ligne de droite & de gauche, seront sans doute les plus fortifiés & les plus garnis de Troupes, c'est-là qu'il faut faire les fausses Attaques, afin d'empêcher le Général qui est attaqué, de dégarnir ces postes pour renforcer les endroits les plus foibles, qui seront attaqués vivement ; il faut les attaquer en Colonnes, cependant toute disposition toujours soumise aux circonstances & au terrein : pour ces sortes d'Attaques il faut de la célérité, & ne point donner le tems aux Troupes attaquées de se reconnoître. Il faut distribuer le long de la ligne des Quartiers, des Corps séparés, tirés de ceux qui forment les six Attaques, pour amuser & pour contenir les Troupes, & pour donner par-là plus de certitude aux vraies Attaques ; pour donner encore à penser à l'Ennemi que ses flancs & son centre sont plus vivement attaqués, les Troupes qui sont destinées pour les amuser, doivent avoir chacune deux Brigades d'Artillerie, & faire un feu continuel de canon & de mousqueterie ; les vraies Attaques doivent charger de vive force, & percer la ligne, s'il eft poffible, la bayonnette au bout du fufil ; fi l'une des vraies Attaques peut parvenir à percer, les Troupes des Quartiers feront bientôt en défordre ; alors on doit faire entrer la Cavalerie par cette ouverture, pour aller prendre les Quartiers par derriere ; fi elle joint l'Infanterie qui aura percé, l'Ennemi fe trouvera entre deux feux, & l'entrée ne fera pas difficile aux autres Troupes, le refte de la Cavalerie fe mettra en bataille, pour s'oppofer à celle de l'Ennemi qui viendra au fecours de l'Infanterie battue ; mais que peut de la Cavalerie, dont l'Infanterie eft en déroute & qu'elle voit fuir de toutes parts ? Quoique brave, elle fongera plûtôt à fa retraite qu'à attaquer des Troupes victorieufes, ou fi elle tient ferme, ce ne fera que pour faciliter la retraite de l'Infanterie, & non pour attaquer, comme feroient des Troupes victorieufes.

Il ne refte d'autre reffource au Général vaincu, que de raffembler le plus promptement qu'il pourra, ce qui lui refte d'Infanterie, & de faire fa retraite en bon ordre ; un tel échec ne ternit point la réputation d'un Général, lorfqu'il a pris toutes fes précautions pour le prévenir, & que dans l'action il a montré le fang froid & la capacité d'un Homme de guerre. Dans tout autre état qu'à la Guerre, il y a plus de grandeur à fçavoir foutenir la profpérité qu'à fe mettre au-deffus de

l'adverfité ; dans le métier des Armes, c'eſt dans l'adverfité que paroît le grand Homme, lorſque dans les
revers il conferve le fang froid & qu'il ne perd rien de
de la vivacité de ſon génie. Porus vaincu & priſon-
nier, ſe fit admirer de ſon vainqueur, qui ne pût
s'empêcher de dire, par une eſpece d'envie qu'il
portoit à ſon fort, *je voudrois être Porus, ſi je n'étois
Alexandre.*

On ne peut déterminer toutes les diſpoſitions qu'on
peut faire pour l'Attaque des Quartiers ; elles dépendent de trop de circonſtances. Telle diſpoſition qui
ſeroit bonne dans un païs découvert, deviendroit dé-
fectueuſe dans un païs de bois. On peut donner des
moyens pour attaquer, on ne peut rien décider ſur le
ſuccès ; quand les diſpoſitions ſont juſtes, c'eſt la célérité qui décide ; tout conſiſte à tâcher de s'approcher
aſſez près des Quartiers pour pouvoir les attaquer, ſans
que les Troupes puiſſent ſe réunir & marcher à la Place d'armes générale, ou ſans que la ſeconde & troiſiéme ligne ayent le tems de marcher au ſecours de la
premiere ligne attaquée : il faut que le premier effort
des Troupes qui attaquent, ſoit fait avant la jonction
de la ſeconde à la premiere ligne.

Si toutes ces précautions ne ſont point obſervées, le
ſuccès ne peut être que douteux, furtout ſi l'Ennemi a
eu le tems d'occuper tous les poſtes, & ſi la ſeconde

ligne d'Infanterie a joint la premiere ; alors si un Général voit ses Troupes repoussées après plusieurs Attaques vives & réiterées, il ne doit point s'opiniâtrer,
& sacrifier ses Troupes à la fortune : la perséverance &
la fermeté sont des vertus, lorsque les circonstances sont
favorables ; mais l'obstination est toujours un défaut &
même un vice. Un Officier qui défend une Place impor-
tante doit perſévérer & ne la rendre qu'à la derniere
extrémité ; mais si par son obstination il expose la Garni-
son à la discrétion du vainqueur, il est responsable de
tout le sang qu'il fait couler inutilement ; ce n'est ni
par le sang ni par la rage qu'on force la fortune à se
déclarer pour soi , lorsque l'impossibilité de réussir est
visible. Celui qui ne gagne de bataille qu'à force d'exposer & de perdre des Soldats, ne mérite pas même
le titre de vainqueur en remportant la victoire ; celui
au contraire qui est avare du sang de ses Soldats , se
fait chérir des siens, respecter & estimer de l'Ennemi,
aimer de son Maître , qui lui confie ses Sujets avec
assûrance, dans la persuasion qu'il ne les exposera que
dans une nécessité indispensable. Dans la Guerre du
premier Triumvirat, César ayant resserré en Espagne
Affranius & Pétreius, Généraux de Pompée , aima
mieux les obliger de se rendre en leur coupant les vivres & les autres subsistances , que de leur livrer un
combat, dont l'avantage lui étoit, pour ainsi dire, as-

fûré. Le grand Art d'un Homme de Guerre eſt de conſerver par ſa prudence & par ſa capacité, l'avantage qu'il a ſur l'Ennemi ; lorſqu'on veut ſe ſervir de la violence, & que pour ne point ménager les Ennemis, on haſarde ſes Troupes, on les porte au déſeſpoir, & celui qui attaque, quoique ſupérieur, en eſt ſouvent la victime ; c'eſt ce qui arriva à la Bataille de Poitiers en 1356 & à celle de Pavie en 1525, où la France pouvoit eſpérer des avantages auſſi conſidérables, que ces pertes furent ſanglantes. Tant il eſt vrai qu'il faut, ſans craindre l'Ennemi, le toujours reſpecter, lors même qu'il ſe trouve dans les poſitions les plus embarraſſantes.

CHAPITRE VI.

De la Retraite d'une Armée après l'attaque des Quartiers de l'Armée ennemie, qu'elle n'a pû forcer.

SI l'Attaque d'une Armée dans ſes Quartiers, demande des précautions infinies, & des diſpoſitions prévûes de longue-main, la Retraite après l'entrepriſe manquée, ne demande pas moins de ſageſſe ; l'une & l'autre exigent dans un Général & dans les Officiers qui les exécutent ſous ſes ordres, la prudence la plus profonde & la prévoyance la plus exacte. S'il est difficile d'attaquer une Armée dans tous ses Quartiers, il l'est encore bien davantage de se retirer devant une Armée qu'on n'a pû forcer, & qui suit avec vivacité pour profiter amplement de sa victoire. Il faut donc que cette opération ait été prévûe avant l'Attaque. Dans ces circonstances, on suppose que le Général d'une Armée qui veut en attaquer une autre dans ses Quartiers, a pris toutes ses mesures pour s'assûrer du succès, & ses précautions pour la Retraite, s'il manque son entreprise; que le Général qui est attaqué n'a rien négligé de son côté pour n'être point forcé; à cela près qu'il n'a pû prévoir les dispositions qu'il y avoit à faire pour suivre l'Ennemi dans sa Retraite, parce qu'elles dépendent de l'événement & des circonstances; il ne peut que hasarder des conjectures sur ce qu'il auroit à faire, s'il se trouvoit dans un tel cas; mais il ne peut être assûré que l'Ennemi fasse telle ou telle manœuvre, soit dans l'Attaque ou dans la Retraite; ainsi deux Généraux peuvent avoir des idées très-bonnes relativement aux principes dont ils partent, quoique très-différentes dans le fond.

On suppose encore qu'une Armée en a attaqué une autre dans ses Quartiers, & qu'elle n'a pû l'y forcer après plusieurs attaques vives & réitérées.

Lorsque le Général aura tenté tout ce qui dépend
d'un

d'un Homme de guerre, & qu'il voit l'impoſſibilité de réuſſir, ſoit par la bonne diſpoſition de l'Armée qui eſt attaquée, ſoit par le découragement de ſes Troupes, ſi elles viennent à être repouſſées de toutes parts, il n'a d'autre reſſource que de prendre le parti de la retraite.

Les diſpoſitions pour un Corps de Troupes qui ſe retire devant l'Ennemi, & qu'on a indiquées ailleurs, peuvent ſervir pour une Armée dans le même cas, à cela près qu'il faut à celle-ci plus de terrein, & par conſéquent une connoiſſance plus étendue & plus conſommée dans le Général.

Avant de commencer à faire ſa retraite, le Général doit envoyer avertir par ſes Aides-Majors Généraux, & par ſes Aides-de-Camp, tous les Officiers ſupérieurs qui doivent ſçavoir l'ordre & la diſpoſition qu'on doit tenir dans la retraite. Trois coups de canon qu'on tirera, un de la droite, l'autre de la gauche & l'autre du centre, feront le ſignal pour replier les Troupes, & les mettre en même tems en colonnes pour former la retraite.

Si le païs eſt ouvert, il fera marcher ſes Troupes ſur ſix colonnes, ou ſur un plus grand nombre ſelon le terrein qu'il aura; ces colonnes doivent préſenter chacune un demi-Bataillon de front, les Grenadiers ſur un flanc & les Piquets ſur l'autre; on mettra une Brigade

Tome II.   Q

d'Artillerie dans l'intervalle qui eſt entre chaque colonne, elle fera un feu continuel; dès qu'elle aura
tiré, on chargera le canon, & alors on le fera retro-
grader pour qu'il ſoit toujours entre les colonnes. S'il
ne ſuivoit pas les colonnes qui ſe retirent, il pourroit
être enlevé; chaque colonne fera ſon feu à part, ou feu
roulant ou par pelotons, n'importe, pourvû qu'il ſoit
continuel.

Les Colonnes marcheront toujours, mais ſentement;
l'ordre ne pouvant autrement être obſervé, le canon
marchera à meſure que la Colonne ſe retirera, en ſuivant la même poſition où il eſt. La Cavalerie ſur les
aîles de l'Infanterie, ſera rangée en bataille ſuivant le
terrein qu'on a: comme on ſuppoſe que celui où ſe
retire cette Armée, eſt un païs ouvert, la Cavalerie
doit être rangée en bataille ſur deux lignes & ſe retirer
en même tems que les Colonnes; la premiere ligne par
les intervalles de la ſeconde, doit aller ſe mettre en
bataille à deux cens pas derriere la ſeconde ligne; les
Huſſards & les Dragons qui gardent les flancs de la
premiere ligne, doivent reſter en place & attendre
pour ſe retirer, qu'elle ait paſſé par les intervalles de
la ſeconde ligne; cette ſeconde ligne doit marcher
quelques pas en avant, pour faciliter la Retraite de la
premiere. Quand la premiere ligne ſe ſera retirée, &
qu'elle ſera en bataille, les Huſſards & les Dragons

qui gardoient ses flancs, se retireront & iront la joindre
La seconde ligne fera la même manœuvre que la premiere, ainsi que les Hussards & les Dragons qui couvrent ses aîles : la distance d'une Colonne d'Infanterie
à une autre, ne doit pas être de plus de deux cens pas,
pour être plus en force, pour pouvoir se secourir
plus promptement & occuper moins de terrein.

Il faut observer qu'il est nécessaire de garder les
flancs des Hussards & des Dragons, & que c'est l'Infanterie des Troupes légeres qui doit y être employé :
elle doit dans cette occasion, s'emparer des bois, ravins ou autres endroits semblables qui peuvent se trouver sur les aîles de l'Armée, pour empêcher l'Ennemi
de pénétrer par les flancs. Cette Infanterie doit se retirer en même tems que les Hussards & les Dragons.

Voyez la Planche vingt-cinquiéme, Figure 1.

Si le païs se rétrécit, on réduira les six Colonnes à
trois, & au lieu d'une Brigade d'Artillerie que chacune
avoit, on en pourra mettre deux si le terrein le permet : ce mouvement est facile à faire; pendant que trois
Colonnes feront alte & qu'elles feront ainsi que le canon
un feu continuel sur l'Ennemi, les trois autres qui sont
marquées par le Général, marcheront lestement, mais
en ordre, & lorsque l'Arriere-garde sera à la hauteur
de la tête de celles qui ont fait alte, elles les joindront,

alors le tout commencera à marcher. Il faut obferver que lorfqu'on double les Colonnes, on doit auffi proportionner la force des Grenadiers & des Piquets qui couvrent les flancs de chaque Colonne, dans ce moment l'Ennemi n'eft pas plus à craindre qu'auparavant, parce que le païs fe rétréciffant, il eft obligé d'en faire autant, & par conféquent il ne préfente pas un plus grand front que celui qu'on lui oppofe, la Cavalerie fe rapprochera auffi des Colonnes, & fe mettra fur trois ou quatre lignes, felon le terrein, en obfervant fes diftances & fes intervalles: les Huffards & les Dragons pourront refter à leurs places, & continuer ainfi que la Cavalerie, de faire la même manœuvre que celle dont il eft parlé ci-deffus, ainfi que l'Infanterie des Troupes légéres.

Voyez la même Planche, Figure 2.

S'il fe rencontre un défilé, une partie de la Cavalerie doit d'abord le paffer, & non la totalité, parce qu'il en faut toujours pour foutenir l'Infanterie: quand une partie de l'Infanterie fera paffée, le refte de la Cavalerie paffera, alors les Huffards & les Dragons refteront & fuffiront pour appuyer & pour garder toujours les flancs de l'Infanterie qui refte à paffer.

Lorfque la quantité de Cavalerie que le Général juge à propos de faire retirer la premiere, fera paffée, la Colonne du centre fe retirera, & à mefure qu'elle s’avancera dans le défilé, les deux autres Colonnes se rapprocheront l’une de l’autre ; celle du centre qui a passé la premiere, laissera son canon à l’entrée du défilé, qu’on placera à droite & à gauche, gardé par des Grenadiers. Lorsque ces batteries seront placées, le reste de la Cavalerie passera, la Colonne de la droite passera après, mais sans laisser son canon, la derniere faisant un feu continuel de front & de flanc, laissera passer les Dragons, & passera ensuite légérement, toujours protégée par le canon qui est placé à l’entrée du défilé, par celui qu’elle a & par les Hussards qui sont toujours sur ses flancs. Lorsqu’elle sera presque passée, on retirera le canon qui suivoit la Colonne, les Hussards se rapprocheront du défilé, & seront protégés par le canon & l’Infanterie des Troupes légéres, placées les premieres à l’entrée du défilé, ainsi que par les Grenadiers qui gardent le canon, & passeront ainsi sous leur protection. Quand le tout sera passé, on retirera le canon, dont les Grenadiers feront l’Arriere-garde, conjointement avec l’Infanterie des Troupes légéres, il est probable que l’Ennemi voyant l’Armée au-delà du défilé, se désistera de sa poursuite & songera à sa Retraite. Dès que toute l’Armée sera de l’autre côté du défilé, elle doit se croire en sûreté ; mais elle doit rester-là jusqu’à ce que l’Ennemi commence à se retirer, & dès qu’il sera en pleine marche, on le fera suivre par des Huffards, foutenus de quelques Troupes de Dragons, non pour l'attaquer, mais pour s'affûrer fa Retraite ; lorfqu'on en fera certain, les Troupes en avant doivent revenir, & l'Armée marcher tranquillement vers fes Quartiers ou au Camp.

Il faut obferver ce qu'on a dit au Livre premier, Chapitre quatorziéme, que les premieres Troupes d'Infanterie qui auront paffé le défilé, doivent s'emparer des hauteurs, pour protéger celles qui fe retirent.

Voyez la même Planche, Figure 3.

S'il fe rencontre une Riviere fur le chemin que l'Armée a tenu pour venir attaquer les Quartiers, le Général a néceffairement été obligé d'y faire faire des ponts pour la paffer, & l'on fuppofe qu'il a laiffé des Détachemens pour les garder & affûrer fa Retraite ; que les ponts font retranchés du côté de l'Ennemi, tels qu'on l'a dit au Chapitre dix du deuxiéme Livre, Article trois, & que même il a établi des batteries de canons fur les flancs des ponts au-delà de la Riviere ; précautions qu'on doit toujours prendre, parce ce que fi l'on ne réuffit point dans l'Attaque, on rifque d'être fuivi dans fa Retraite par l'Armée ennemie. Dès que la tête de l'Armée fera à une petite demi-lieue des ponts, une partie de la Cavalerie commencera à paf-

ser, & ira se placer à quatre cens pas au-delà Riviere ;
ensuite on fera passer un tiers de l'Infanterie, qui se
placera sur le bord de la Riviere, sur les flancs de
droite & de gauche des ponts, pour, par leur feu en
imposer à l'Ennemi & protéger les flancs des Troupes qui se retirent, le reste de la Cavalerie passera après
qu'un autre tiers de l'Infanterie se fera retiré. Alors
les Hussards & les Dragons prendront sa place, pour
couvrir le dernier tiers de l'Infanterie, en observant
de ne point masquer les batteries qui sont au-delà des
ponts ; lorsque toute l'Infanterie sera passée, les Dragons & les Hussards se rapprocheront des ponts ; les
premiers passeront protégés par le canon, l'Infanterie
qui borde la Riviere, & les Hussards qui les couvrent.
Les Hussards passeront les derniers, ayant toujours
l'Infanterie des Troupes légéres qui sera leur Arriere-
garde, les Grenadiers qui étoient dans les redans, se
retireront lorsque toute l'Armée sera passée.

Il faut observer que pour ajouter à la défense, chaque
Colonne d'Infanterie qui a passé les ponts, doit distribuer
son canon le long de la Riviere & faire un feu continuel.
Dès que tout sera de l'autre côté, il faut replier les
ponts ; mais en laisser un en état d'être rétabli lorsque
l'Ennemi se fera retiré, pour pouvoir faire passer quelques Troupes, afin de l'observer dans sa Retraite, &
suivre exactement ce qui a été dit au sujet du Passage

d'un défilé : ces ponts feront compofés de pontons de
cuivre pour pouvoir les emmener avec foi. Si l'Ennemi
s'obftine à refter, & qu'il foit à la portée du canon, il
faut tirer deffus fans difcontinuer ; mais il n'y a pas ap-
parence que l'Armée une fois paffée, il n'aime mieux
fe refaire de la fatigue du jour, & qu'il ne fe retire vers
fes Quartiers.

Voyez la même Planche, Figure 4.

Si l'Armée eft obligée de paffer dans un païs de
bois, la Cavalerie doit marcher à la tête des Colonnes
d'Infanterie, ainfi que fit M. le Prince d'Orange, après
la perte de la Bataille de Steinkerque : comme cette
Retraite fe fit à travers un païs fourré, la Cavalerie ne
pouvoit lui être utile, il la fit retirer la premiere, & fon
Infanterie fe retira enfuite en bon ordre, fans que M.
de Luxembourg pût trouver jour à l'attaquer.

On peut laiffer feulement les Huffards & les Dragons, pour couvrir les flancs des Colonnes, & obferver la même marche & la même difpofition dont on a
parlé ci-deffus, fi le païs le permet, c'eft à la prudence & à la capacité du Général qui commande l'Armée, de faire fes difpofitions relativement au terrein :
la Cavalerie ne marche la premiere, que parce qu'elle
ne peut pas manœuvrer, ou du moins qu'elle ne le
peut dans ce païs que très-difficilement, & que celle
de l'Ennemi le peut auffi peu, ainfi cette Troupe, au
lieu d'être utile, ne feroit qu'embarraffer.   Si

Si c'eft un païs de montagnes, la pofition eft moins
dangereufe, parce que l'Ennemi ne peut préfenter un
plus grand front que celui qu'on luj oppofe, que l'Armée marchant par plufieurs chemins, qui tous aboutiffent aux Quartiers dont elle eft partie, l'Ennemi eft
obligé de fe divifer auffi ; comme on n'a pas à craindre
d'être tourné ni pris en flanc, les hauteurs devant être
occupées, l'Infanterie ne peut avoir d'autre objet que
l'Ennemi qui la preffe à fon Arriere-garde, elle doit fe
retirer en ordre lentement, & faire un feu continuel
fur l'Ennemi, s'il s'approche trop près ; & fi le païs
permet qu'on fe ferve de canon, il ne faut pas négliger ce fecours, qui doit faire un très-grand ravage fur
un Ennemi qui, par la fituation du païs, ne peut fuivre
& attaquer qu'en colonne : la Cavalerie, les Huffards & les Dragons, font totalement inutiles, à moins
qu'on ne faffe mettre ces derniers à pied, auffi doit-on
faire prendre la tête à la Cavalerie & aux Huffards,
d'autant mieux que celle de l'Ennemi ne s'engagera
pas dans des gorges & de chemins creux, parce qu'elle
ne peut agir, & qu'elle rifque au contraire d'être attaquée par de l'Infanterie embufquée ; ce feroit une
très-grande témérité à l'Ennemi de continuer fa pourfuite dans les montagnes, il y auroit plus d'intrépidité
que de fageffe, & un homme à la tête d'une Armée,
doit avoir affez acquis, pour ne pas faire une faute,

qui bien loin de juſtifier par ſa conduite le choix que ſon Prince a fait de lui , ne montreroit qu'un génie foible, incapable de commander.

Si dans un païs de plaine ou dans tout autre , le Général qui ſe retire, trouve un terrein avantageux, où il puiſſe être en force, que ſes flancs ſoient appuyés à un marais, à un ravin ou autres endroits ſemblables, il peut très-bien s'y arrêter, & préſenter la Bataille à l'Ennemi, ſurtout ſi par le poſte qu'il occupe, la poſition que l'Ennemi eſt obligé de prendre, eſt déſavantageuſe ; c'eſt dans ces occaſions qu'on reconnoît le grand Homme de Guerre, ſoit pour faire une belle Retraite, ſoit pour ſçavoir prendre ſur le champ un poſte avantageux, qui en aſſûrant l'Armée , mette en danger celle de l'Ennemi, s'il entreprend de l'attaquer.

Comme il n'eſt point de jour où un Général ne puiſſe trouver l'occaſion de développer ſon génie & de montrer ſes talens, de même il n'en eſt point où il ne puiſſe tomber dans des fautes , qui , quelque légeres qu'elles paroiſſent, doivent néceſſairement donner à l'Ennemi un avantage marqué.

Les moindres fautes à la Guerre ſont eſſentielles, & tôt ou tard l'Ennemi trouve l'occaſion d'en profiter & de décider l'évenement d'une Campagne ſur une ſeule faute qui paroiſſoit de peu d'importance , & qui cependant en fait tout le ſuccès.

On ne peut donner que des régles générales pour une Retraite, les difpofitions dépendent entierement du terrein & des circonftances ; mais fur quelque ter-rein qu'on fe retire, on doit toujours le faire lentement & avec ordre ; la précipitation fait naître l'embarras & fouvent l'épouvante dans les Troupes ; fource ordinaire d'une déroute, lorfqu'on devoit l'attendre le moins.

PRINCIPE.

Sur lequel on peut établir un Projet de Campagne.

Lorfqu'on fe borne à ne mettre au jour que fes propres idées, quelque juftes qu'elles foient, il eft à craindre qu'elles inftruifent moins, que lorfqu'en adoptant des idées étrangeres, on a l'art de les étendre & d'y trouver une fource de réfléxions folides. Dans tous les tems les hommes n'ont penfé les uns que d'après les autres ; ce n'eft donc que par une étude affidue des Auteurs qui ont traité la même matiere, ce n'eft qu'après avoir confulté ceux qui ont puifé leurs réfléxions dans l'expérience, qu'on peut écrire fur un fujet.

Le principe fur lequel on peut appuyer le Projet de Campagne que je donne ici, n'eft point de moi, il m'a été communiqué par un Militaire expérimenté ; il m'en a détaillé toutes les parties, il m'a fait voir l'utilité de son projet & les avantages qu'en ont retiré les plus grands Capitaines, qui sans en avoir fait un sistême particulier, ont agi selon les principes sur lesquels il a établi sa Méthode, & dont ils se sont rarement écartés; il a, pour ainsi dire, par ce moyen rendu la Guerre de Campagne méthodique & presque assûrée.

Ce Militaire, que sa modestie me défend de nommer, m'a communiqué cette idée que j'ai saisie, je n'y ai d'autre part que d'avoir donné un peu plus d'étendue à ses réfléxions : il en a tout l'honneur ; il m'a cédé le plaisir d'en faire part à mes Compatriotes ; s'ils en retirent le fruit qu'elle semble promettre, je ne m'estimerai pas moins heureux que si cette idée m'appartenoit en entier.

La Guerre ne seroit point un Art, si elle n'avoit des principes invariables ; mais il y auroit de la témérité à vouloir les rendre entierement physiques, & à prétendre conduire ses opérations au point d'en assûrer le succès ; mais sans donner dans l'esprit de systême, ne pourroit-on pas établir une Méthode générale, qui en s'accommodant aux circonstances des tems & des lieux, rende du moins les opérations plus sûres & le succès moins douteux ? A force d'art on est parvenu à être moralement assûré d'emporter une Place, du moment qu'on peut en former le siége ; pourquoi ne pourroit-on pas également dans la Guerre de Campagne, s'asfûrer d'avance de faire telles ou telles opérations, de les conduire jufqu'au point qu'on auroit projetté, partir enfuite de-là pour en former de nouvelles ? Une telle Méthode demande dans le Général encore plus de prudence que de bravoure, plus de génie & des vûes plus étendues que d'intrépidité.

Il faudroit pour cela que les Militaires qui veulent parvenir, & qui font de l'étude de la Guerre leur principale occupation, ne fe bornaffent point à faire mouvoir une Armée fur les mêmes principes, qu'ils dirigeroient les évolutions d'un fimple Détachement; cependant ce défaut n'eft que trop ordinaire à ceux qui n'ont point eu de Corps confidérables à commander.

Mais fi les uns renferment leur génie dans des bornes étroites, lorfqu'ils peuvent lui donner un effor plus noble & plus vafte, il en eft auffi qui tombent dans un excès contraire, & qui fe livrant trop à eux-mêmes, veulent tout embraffer dès le premier coup d'œil, qui par une impétuofité naturelle, font mouvoir une Armée, comme un Détachement de Troupes légeres.

La Guerre eft un métier qui exige beaucoup de réfléxions ; il n'eft point d'Art où, comme on l'a dit plufieurs fois, il y ait plus de principes ; mais ils ne peuvent être appliqués que relativement au terrein & aux mouvemens de l'Ennemi. Les méditations les plus profondes, les mefures les mieux prifes, peuvent être dérangées par un feul mouvement de l'Ennemi. S'il ne s'agiffoit que d'aller en avant pour faire des conquêtes, le plus audacieux feroit le plus grand Capitaine, & tout Général d'Armée prendroit ce parti : mais il ne fuffit pas d'avancer, il faut auparavant avoir combiné les raifons pour lefquelles on marche en avant, & prévoir les moyens pour fe retirer fûrement.

Dans un Siége on ne va point d'abord au Corps de la Place, & l'on ne laiffe point derriere foi les ouvrages avancés, on commence par les ruiner avec l'Artillerie, on les attaque enfuite, fi l'attaque réuffit, on s'y loge ; de-là on forme une autre attaque fur un autre ouvrage, & infenfiblement on avance vers le Corps de la Place. Si après s'être logé fur la crête de la partie du chemin couvert que tient le front de l'attaque, on néglige les deux demi-lunes, qui couvrent les courtines, & qu'on ne faffe brêche qu'au Baftion de la Place, jamais on ne parviendra à le prendre, parce que ces ouvrages avancés étant entiers & garnis de Soldats & d'artillerie dont la communication avec la Place ne peut être interrompue, empêcheront certainement les Affiégeans de parvenir jufqu'au Corps de la Place.

Il en eft de même d'une Armée en Campagne ; fi elle avance toujours & qu'elle laiffe derriere elle des Villes ennemies fortifiées, des Forts, même des Poftes retranchés ; s'il lui arrive un échec, ou qu'elle foit obligée de reculer, il lui fera très-difficile de fe retirer fans être coupée & affaillie de toutes parts par ces Poftes qu'elle a négligé d'attaquer & de prendre. La Bataille de Spire, gagnée en 1703 par M. le Maréchal de Tallard, eft un exemple qui prouve qu'on ne doit rien laiffer derriere foi en état de défenfe. Les Ennemis paffent le Rhin à Spire, pour venir au fecours de Landau, que M. de Tallard affiégeoit ; ce Général laiffe dans la Tranchée un Corps de Troupes fuffifant, fort de fes lignes & marche au-devant de l'Ennemi : l'Ennemi en avançant fur l'Armée Françoife, néglige deux Poftes qui étoient dans deux Tours, comptant bien qu'ils fe rendroient lorfqu'il auroit battu M. de Tallard ; l'Ennemi eft battu, & dans fa Retraite ces deux poftes lui tuent, pour ainfi dire, plus de monde, qu'il n'en avoit perdu pendant la Bataille.

Les Guerres d'Italie fous Charles VIII. fous Louis XII. & François I. font des exemples qui prouvent combien les pointes & les invafions fubites dans un païs éloigné, font dangereufes, elles expofent non-feulement l'Armée, mais encore l'Etat. On voit affez combien il feroit néceffaire pour prévenir de tels défauts, d'établir des principes généraux & phyfiques, d'où l'on peut faire émaner des combinaifons particulieres pour toutes les opérations d'une Campagne.

Pour établir un tel principe, il faut néceffairement

suppofer dans celui qui doit exécuter, une connoiffance parfaite de la Guerre. La premiere opération eft
d'examiner la Carte du païs fur lequel on veut faire
marcher fon Armée ; on doit y employer autant de
précautions qu'on en prendroit pour connoître le terrein d'une Place qu'on voudroit attaquer, & fur lequel
on voudroit diriger une Tranchée. On peut comparer
les opérations d'une Guerre offenfive avec celles d'un
Siége, la Ville que l'on attaque eft le point où l'on
veut arriver, le dépôt général de la Tranchée eft un
centre, d'où reffortent toutes les différentes branches
qui doivent porter du fecours aux paralleles.

Quand on veut avancer fûrement & méthodique-
ment fur une Place, la droite & la gauche d'une parallele doivent être appuyées, & la communication de
la parallele avec fon dépôt général doit être bien
ouverte & furtout très-facile. Il eft encore de principe que l'on ne doit fonger à former de feconde ni de
troifiéme parallele pour avancer vers le Corps de la
Place, que lorfque la premiere eft bien établie & que
les entrepôts de Tranchée, placés à portée des crochets ou zigzagues, que l'on pouffe en avant pour former la feconde & la troifiéme parallele, qui fert à
arriver au Corps de la Place, font bien affûrés. Ces
entrepôts font deftinés à faire paffer les fecours néceffaires aux attaques des ouvrages ; s'ils n'avoient point

de

de communication libre avec le dépôt général, ils se
trouveroient épuisés & hors d'état de fournir les têtes
des paralleles avancées, & si ces paralleles ne se trou-
voient pourvûes, le Siége seroit retardé & les attaques projettées manqueroient bientôt.

Si les batteries que l'on éleve pour ruiner les défenses d'une Place, n'embrassent pas le feu des ouvrages, si elles n'ont pas une communication exacte avec
le dépôt général, si elles ne sont pas appuyées & protégées par les paralleles, si leur service vient à manquer, elles ne peuvent faire taire le feu de l'Ennemi,
& la difficulté que les Troupes trouveront à venir à
leur secours, peut occasionner leur enlevement.

On n'a avancé tous ces différens principes, qui
sont, pour ainsi dire, les élémens sur lesquels portent les opérations d'un Siége, que pour faire voir l'a-
nalogie qu'on peut lui donner avec ceux de la Campagne. La Province ou le païs qu'on veut conquérir,
a toujours un point principal, où l'on doit avoir pour
but d'arriver. En s'avançant dans le païs, ne peut-on
point former une premiere parallele, & faire du dépôt général des subsistances, comme du dépôt général
de Tranchée ? Les communications du dépôt des subsistances doivent être libres & assûrées à la droite & à la
gauche de la premiere parallele, que l'on établit dans
le païs ennemi : pour former cette parallele, on doit

s'emparer d'une droite ou d'une gauche, où l'on trouve un poste avantageux, & sans songer d'abord à aller en avant, s'attacher à appuyer solidement cette parallele, en s'emparant des Rivieres & des Villes qui sont dans sa direction; & l'on doit se faire un principe de ne point songer à pousser la seconde parallele que cette premiere ne soit établie, & que l'on n'ait bien assûré la communication des Rivieres & des Villes qu'on rencontre, avec le dépôt général des subsistances.

On doit suivre ce même principe, quand on veut avancer d'une premiere à une seconde parallele, d'une seconde à une troisiéme, ainsi des autres.

De même que dans les opérations d'un Siége, on établit des entrepôts de Tranchée, à portée des crochets que l'on pousse en avant ; on doit aussi dans la premiere parallele que l'on établit dans le païs ennemi, former des entrepôts de Magasins, tant en vivres qu'en munitions, afin qu'ils circulent du dépôt général dans toutes les parties de la parallele.

En suivant ce principe, le Projet d'une Campagne paroît moralement infaillible, ou si par des événemens imprévûs, le succès en étoit retardé, il ne peut jamais en résulter rien de funeste, & l'on reste toujours le maître du terrein sur lequel on a assûré cette premiere parallele : d'ailleurs quand même on auroit employé tout le tems de la Campagne à établir cette premiere parallele, ce ne feroit point un tems perdu, parce qu'il ferviroit à affûrer folidement fes Quartiers d'hyver, & à concerter les mefures qui reftent à pren-dre pour la Campagne fuivante.

Comme dans un Siége, on avance quelquefois des paralleles hafardées lorfque celui qui défend la Place, n'y met pas les obftacles auxquels on avoit lieu de s'attendre, on trouve auffi quelquefois dans une Guer-re offenfive des fuccès inattendus, & des occafions favorables d'établir deux paralléles, même trois dans le cours d'une Campagne; mais il eft de la prudence d'un Général de ne fe point laiffer éblouïr par un dé-but brillant & de ne point perdre de vûe le point d'où il eft parti, & celui où il veut arriver; il doit toujours avoir pour objet fixe, que les établiffemens qu'il fait de fes paralleles dans le païs ennemi, foient affûrés, de façon que tous les Quartiers d'hyver qu'il veut prendre, ayent une communication égale & facile entr'eux, & furtout que celle qu'ils ont avec le dépôt général des fubfiftances, ne foit point interrompu. Ce dépôt fervira à établir les différens entrepôts qui doivent faire avan-cer à l'autre parallele dans la Campagne fuivante.

Un Général doit, autant qu'il le peut, éloigner l'Ennemi du païs de fon Prince; il doit faire enforte de lui rendre la Guerre moins onéreufe par les contribu-tions en argent ou en nature, foit en farines, fourrages

& autres denrées néceffaires à une Armée, en établiffant fes Quartiers d'hyver fur le païs conquis. Si pendant la Campagne il a établi une parallele, elle formera la premiere ligne de fes Quartiers, s'il en a pû
établir deux, fes Quartiers en feront d'autant mieux
difpofés, parce que les Troupes qui y font établies, feront à portée de fe joindre facilement & de fe fecourir.

On peut comparer les Détachemens que l'on envoye à la Guerre, pendant le cours d'une Campagne, aux différentes batteries que l'on éleve pendant le cours d'un Siége : comparaifon qui paroîtra
encore plus jufte, lorfqu'on la fuivra dans toutes fes
parties.

En effet les batteries que l'on éleve le long de la
direction d'une parallele, ont pour objet de prendre les
ouvrages de la Place par le revers, & les Détachemens
de Guerre doivent avoir pour but, de prendre fur l'Ennemi des pofitions qui incommodent fes fubfiftances,
& qui embarraffent fa communication avec fes dépôts.

Les batteries dans un Siége doivent en impofer par
un feu fupérieur à celui de la Place : les Détachemens
de Guerre doivent avoir pour but de contenir l'Ennemi, de le harceler, de protéger des fourrages & d'é-
tendre des contributions dans une Province ; le feu
d'une batterie bien fervie, anime l'ardeur du Soldat :
le fuccès des Détachemens que le Général enyoye à

la Guerre, lui attire la confiance de l'Armée. Les batteries d'une Tranchée ont encore pour objet de protéger l'Attaque d'un ouvrage, d'aider à pousser des
boyaux en avant, qui doivent établir la troisiéme parallele sur le chemin couvert. De même les gros Détachemens sont destinés à marcher en avant, à s'emparer de la droite ou de la gauche d'un païs, pour couvrir le gros de l'Armée dont ils sont suivis, pour y établir la parallele que l'on projette.

Ainsi qu'une batterie dont on auroit placé le pla-
teau trop en avant de la parallele, pourroit-être facilement enlevée, de même un Détachement que l'on
hasarde trop en avant de l'Armeé, au lieu de se borner
à l'objet pour lequel il est envoyé, s'expose à recevoir
un échec, qui retarde souvent toutes les opérations
d'une Campagne.

On est quelquefois obligé d'abandonner une batterie, parce qu'elle se trouve établie trop légerement &
sans communication avec les entrepôts de Tranchée,
ainsi un Corps détaché à la Guerre, dont la communication n'est point soutenue, est obligé de se retirer ;
& par la même raison, qu'on ne doit jamais dans un
Siége faire avancer des batteries qui puissent devenir
inutiles dans la suite, tout Général qui commande une
Armée, doit avoir pour principe de ne jamais hasarder
de gros Corps en avant, à moins qu'il ne soit comme

aſſûré qu'ils ne ſeront pas obligés de reculer ; un Général commet une faute plus légere, en manquant de
ſaiſir un Poſte, qu'en s'emparant d'un terrein qu'il ſe
trouve forcé d'abandonner.

Il eſt aiſé de voir en ſuivant toutes les parties
de ce parallele, qu'on ne fait ici qu'effleurer, les
rapports que la Guerre de Siége & celle de Campagne, ont entr'elles, & l'on peut inférer de
tous ces rapports, qu'il eſt facile & même avantageux de conſerver dans les Détachemens qu'on envoye, le même principe & à-peu-près les mêmes
proportions que pour les établiſſemens des batteries.

De tous ces rapports, il ſemble réſulter que les
principes qui ſervent à la conduite d'un Siége, peuvent ſervir de régle à celui qui forme le Projet d'une
ou de pluſieurs Campagnes ; que cette régle s'étend,
non-ſeulement à la Guerre offenſive ; mais qu'on peut
encore s'en ſervir pour la défenſive, en prenant le
contraire de tous les rapports qu'on vient de détailler.

En effet celui qui défend une Place, a pour but de
retarder les établiſſemens des paralleles & des batteries
de l'Ennemi.

Celui qui défend un païs doit avoir pour objet, en
combinant les diſtances, de s'emparer des lieux où
l'Ennemi qui attaque, voudroit établir ſes magaſins.
C'eſt l'établiſſement de ces magaſins, que les Détache-

mens envoyés par celui qui défend un païs, doivent retarder. Dans la Guerre défensive, il eſt à croire que l'Ennemi eſt ſupérieur en nombre de Troupes, & le Général qui eſt chargé de cette eſpece de Guerre, doit toujours éviter d'en venir au combat; mais par les poſitions qu'il prend, il doit, autant qu'il le peut, ſi bien déranger la communication des ſubſiſtances de l'Ennemi, qu'il l'empêche d'avancer & d'établir ſes paralleles : un Général qui dans ſa défenſive empêcheroit l'établiſſement d'une ſeconde parallele, remporteroit ſouvent plus d'avantage que s'il gagnoit une victoire.

Enfin, ſoit dans la Guerre offenſive, ſoit dans la défenſive, il ſeroit impoſſible de détailler tous les rapports qu'il y a entre la maniere de diriger un Siége, & celle de conduire les opérations d'une Campagne. Plus on réfléchira ſur l'hiſtoire des grands Hommes de Guerre, & ſur les différentes actions où ils ſe ſont trouvés, plus on ſe confirmera dans le principe qu'on a tâché de développer ici. Il y en a qui, ſans avoir formé ce deſſein, ont preſque toujours ſuivi ce ſyſtême, d'autres paroiſſent s'être fait un devoir de s'y attacher; il ſemble que M. le Maréchal de Saxe ait eu ce point de vûe dans toutes ſes opérations.

On pourra remarquer dans les différens événemens qu'on trouvera dans l'Hiſtoire ancienne & moderne, que la déroute d'une Armée & la perte d'un païs, après

une journée malheureuſe, ne viennent ſouvent que
par la négligence des Généraux à s'aſſûrer du point
d'où ils ſont partis, & à faire garder les iſſues propres
à la Retraite. Il y a très-peu d'exemples de Batailles
perdues, où l'on ne puiſſe remarquer des fautes ſemblables. On a ſuffiſamment prouvé qu'on peut gagner
beaucoup en ſuivant cette méthode, ou du moins
qu'elle ne peut être dangereuſe, on ne fait que la pro-
poſer ; c'eſt à ceux qui ſeront à même de la mettre
en œuvre, d'en profiter.

Fin du quatriéme Livre.

LIVRE CINQUIÉME.

CHAPITRE PREMIER.

De la Nécessité des Huffards & des Troupes légeres.

Ous avons vû dans les dernieres Guerres, par notre propre expérience, de quelle utilité étoient dans une Armée les Huffards & les Troupes légeres ; les Puiffances Etrangeres en ont si bien reconnu la nécessité, que la Maison

Tome II.   T d'Autriche, qui au commencement de 1733 n'avoit tout au plus que trois ou quatre Régimens de Huſſards, en avoit dans la derniere Guerre douze, de douze cens hommes chacun. La France, qui dans le commencement de cette même Campagne, n'en avoit que deux, en forma bientôt un troiſiéme, elle en leva encore quatre au commencement de la derniere Guerre, outre trois ou quatre Régimens de Troupes légeres à pied & à cheval. Le Roi de Pruſſe en a huit de mille homme chacun. L'Empereur Charles de Baviere en avoit deux. Les Hollandois en ont eu un, quelques Régimens de Troupes légeres & des Compagnies franches ; & l'Eſpagne dont la Cavalerie eſt ſi renommée pour ſa ſoupleſſe & ſon agilité, a cru nepouvoir s'en paſſer, & en a levé un, qu'elle n'a reformé qu'à la Paix de 1748.

C'eſt ſouvent à ces Troupes que les Peuples, les plus belliqueux, ont dû leurs ſuccès ; leur légereté, leur adreſſe les portoient au milieu des Ennemis, & les mettoient, pour ainſi dire, à l'abri des dangers, en même tems qu'elles protégoient les Armées auxquelles elles étoient attachées ; elles découvroient les mouvemens de l'Ennemi, rendoient leurs embuſcades inutiles & s'embuſquoient elles-mêmes. M. de Monteſquieu * obſerve que ce qui fit que les Romains commencerent à reſpirer dans la ſeconde Guerre Punique, c'eſt que des Corps entiers de Cavalerie Numide paſſerent de leur côté en Sicile & en Italie.

** Cauſes de la Grandeur & de la Décad. de l'Emp. Ro.*

Les Numides ont formé les premieres Troupes
légeres dont l'Hiftoire faffe mention. Ce Peuple belliqueux, au rapport de Salufte, * fe forma, ainfi que
les autres Peuples de l'Affrique, des débris de l'Armée
d'Hercule, compofée de différentes Nations, qui fe
féparerent après la mort de ce Héros. Les Perfes, qui
s'unirent aux Gétules, alloient de tous côtés pour
chercher des Habitations, pour découvrir le païs, &
pour s'y établir ; ils emportoient par la force des
armes tout ce qui leur réfiftoit ; enfin leurs Colon-
nies s'établirent dans les païs voifins de Carthage.

Ils fe rendirent redoutables à leurs Ennemis par
leur façon de combattre & par leurs rufes. Les Romains eux-mêmes éprouverent fouvent ce que peut
la bravoure, jointe à l'adreffe & à l'agilité ; ils recher-
cherent alors l'alliance de ce Peuple. Syphax Roi d'une
partie de la Numidie, engagea les Numides qui fer-
voient dans l'Armée des Carthaginois, à paffer chez
les Romains : à l'arrivée de ces derniers en Efpagne,
les Numides conduits par Syphax, gagnerent une Bataille fur les Carthaginois ; & fi Carthage n'avoit eu
recours à Maffiniffa Roi des Maffiliens, autre partie
de la Numidie, pour s'oppofer à Syphax, cette Ré-
publique fe feroit peut-être moins long-tems foute-
tenue contre la fortune des Romains ; & lorfque Cœ-
lius & Maffiniffa, alors alliés de Rome, combat-

T ij

* De Bell.
Jug.

tirent contre Syphax, il semble que ce Prince Numide ne pouvoit être vaincu que par un Prince de sa
Nation.

L'Histoire Romaine fournit plusieurs exemples qui
prouvent l'adresse de ce Peuple, & qui font voir la nécessité des Troupes légeres par rapport à nous. Dans
la Guerre contre les Gaulois & les Liguriens, Minutius s'étant engagé dans un défilé, huit cens Numides le
dégagerent par leur adresse ; il monterent à cheval, au
rapport de Tite-Live; *ils affecterent de marcher sans
ordre & sans contenance ; ils paroissoient défaits &
mal montés, ce qui joint à une taille petite & à des
chevaux qui sembloient plûtôt les entraîner que leur
obéir, mettoit les Liguriens hors de toute méfiance ;
ceux-ci poserent leurs armes & regarderent en riant
des Cavaliers qui caracoloient devant eux, & qui
fuyoient; aussi-tôt les Numides profitant de leur inaction, reviennent tout à coup sur leurs pas, traversent
le Camp des Liguriens, & vont porter le fer & la
flamme dans les Villages voisins; les cris des Habitans
qui périssent, des vieillards qui s'échappent & qui
vont implorer le secours des Liguriens, attirent les
Soldats vers les Villages embrasés, le Camp est abandonné ; le défilé où étoit Minutius enfermé, se trouve
mal gardé, & ce Général délivré contre toute appa-
rence, continue sa marche.

* Liv. 35.

Les Numides n'ont pas été les seuls Peuples propres à cette Guerre. Les Parthes originaires de la Scythie, combattoient à-peu-près de la même maniere ; leur Cavalerie étoit admirable ; ils affiégoient une Armée plûtôt qu'ils ne la combattoient, le javelot, l'arc & des fléches étoient leurs seules armes ; inutilement pourfuivis, parce qu'ils dirigoient encore mieux leurs traits en fuyant & par derriere, que de pied ferme ; leurs Troupes ont été fouvent funeftes aux Romains.

Les Hérules, autre Nation orignare de la Scythie, obfervoient le même ordre dans leurs combats.

Les Huns, qui, felon plufieurs Auteurs, font fortis des Parthes, étoient des Archers admirables ; dans les courfes & dans les invafions que firent ces barbares dans toute l'Europe, ils faifoient plus de ravages que n'en auroient fait des Troupes réglées.

Il femble que les Hongrois, qui, felon plufieurs Hiftoriens, font les mêmes que les Huns, retiennent encore la façon de combattre de leurs ancêtres, lorfque fous Attila ils vinrent s'établir dans l'Italie : en effet, les meilleures Troupes légeres font formées de Hongrois, & l'on fçait quel fervice elles ont rendu dans les dernieres Guerres : c'eft fur leur modele que les Souverains ont formé d'autres Troupes, qui d'abord n'ont été qu'utiles, mais qui font aujourd'hui néceffaires.

Car enfin on ne fçauroit recevoir affez fouvent des nouvelles de l'Ennemi, envoyer affez de Détache-mens pour reconnoître le terrein & les embufcades, manœuvres trop fatigantes pour l'Infanterie & pour la Cavalerie : des Troupes de Huffards uniquement employées à ces exercices qui leur font familiers, & auxquels elles font accoutumées depuis long-tems, des chevaux qui foutiennent la fatigue, & que rien ne rebute, épargnent des travaux multipliés au refte de l'Armée. Après avoir fait voir leur utilité, il ne s'agit plus que d'établir, comment & en quelles occafions elles doivent être employées.

CHAPITRE II.

De l'Ufage qu'un Général doit faire des Huffards pendant la Campagne.

LA néceffité des Troupes légeres une fois établie, il ne s'agit que de déterminer l'ufage qu'on doit en faire. On a déja vû dans plufieurs endroits de cet Ouvrage, de quel fecours étoient ces Troupes, pour fouiller dans des gorges, pour des Détachemens en avant, dans les marches, dans les fourrages, & dans prefque toutes les manœuvres.

La Guerre des Huſſards eſt préciſément ce qu'on doit appeller Guerre de Campagne, parce qu'ils doivent être ſans ceſſe en Détachement, qu'ils doivent obſerver l'Ennemi de près, empêcher qu'il ne vienne attaquer le Corps d'Armée, qu'il ne la tourne pour tomber ſur les Convois; être en avant de la chaîne aux jours de fourrage, afin qu'elle ne ſoit point inſultée & qu'il puiſſe ſe faire tranquillement; ils doivent être continuellement ſur l'Armée ennemie, afin qu'il n'en ſorte point de Détachement ſans que le Général en ſoit inſtruit; lui rapporter promptement & exactement des nouvelles de tout ce qu'ils apperçoivent chez l'Ennemi, afin de l'empêcher de former des projets ſur l'Armée, ou du moins afin de les faire échouer; telle eſt la Guerre des Huſſards, que le Chef à qui on les confie, doit connoître exactement; ainſi s'ils forment un gros Corps on les mettra plus ou moins en avant, ou ſur les flancs, ſelon les circonſtances, ſuivant que l'Ennemi eſt près ou que le Corps eſt conſidérable.

Quoique ces Détachemens doivent être ſans ceſſe ſur le Camp ennemi, ils ne doivent cependant pas être forts, parce que plus ils le ſeroient, & plûtôt ils ſeroient découverts; mais ils doivent être ſoutenus par des Détachemens plus conſidérables, qui reſteront à une demi-lieue ou environ derriere, plus ou moins, ſelon que le païs eſt découvert ou non. Ces Détachemens pour foutenir ceux qui font en avant, doivent s'embufquer ; mais l'Officier qui eft en avant, doit être informé feul de l'endroit où ils font, pour pouvoir fe retirer deffus, au cas que le Détachement foit attaqué & pouffé.

Il faut, autant qu'il eft poffible, que le Général du Corps avancé des Huffards, foit journellement inftruit de ce que les Détachemens en avant ont vû & de ce ce qu'ils font, & fi, la chofe en vaut la peine, il en informera le Général de l'Armée.

Les Efcortes des Convois ne doivent jamais marcher fans Huffards, parce que cette Efcorte, comme on l'a dit, doit avoir des parties en avant & fur fes flancs, pour aller à la découverte & fouiller les bois, les Villages, les ravins & tout ce qui peut contenir des Troupes embufquées. Outre que ces Troupes font plus propres à cette Guerre de patrouille que la Cavalerie, elles font d'ailleurs plus légeres pour fe retirer, & par conféquent avertiffent plus promptement.

Les Convois & les chaînes de fourrages font prefque toujours attaqués par des Huffards, foutenus à la vérité par de la Cavalerie ou des Dragons, & même de l'Infanterie ; mais ce font eux qui attaquent, les premiers, & qui facilitent aux autres Troupes les moyens d'attaquer avec avantage, & l'Infanterie ne marche avec elles que pour les foutenir, & pour

faciliter

faciliter leur retraite, à moins qu'il n'y ait quelques Villages à attaquer. La Cavalerie ne manœuvrant pas avec la même légéreté, & devant toujours reſter unie, on ne peut la charger ſeule de ces opérations : les Dragons, ſelon leur premiere inſtitution, pouvoient s'acquitter parfaitement de cette commiſſion ; mais depuis qu'ils ont battu des Cuiraſſiers, & qu'à pied ils ont forcé des Grenadiers dans des retranchemens, ils ſe ſont fait une étude particuliere de ces deux genres de combats, & ont abandonné aux Troupes Légeres celui pour lequel ils ont été inſtitués.

Il en eſt de la défenſe comme de l'attaque ; le terrein qu'occupe un Convoi, étant ſouvent très-étendu, & l'Avant-garde ne pouvant réſiſter à la célérité de l'attaque des Huſſards Ennemis, elle pourroit être battue, avant que les Troupes de Cavalerie, qui ſont dans le centre & à l'Arriere-garde, euſſent le tems de venir à ſon ſecours.

C'eſt dans ces occaſions que les Huſſards ſont d'une très-grande utilité ; ils doivent alors ſe raſſembler pour s'oppoſer aux efforts de l'Ennemi, & l'arrêter, du moins aſſez long-tems, pour donner à la Cavalerie ou aux Dragons, celui de venir en force, pour les charger en ordre, ſans s'embarraſſer du nombre, pendant que les Huſſards les prendront par les flancs.

Ce n'eſt pas que la Cavalerie ne puiſſe quelquefois faire la guerre fans le fecours des Huffards ; ni l'ordre, ni la bravoure, ni la difcipline, ne lui manquent point ; mais l'expérience prouve qu'elle eft toujours plus en fûreté, quand elle a avec elle des Huffards, qui éclairent fa marche, & qui l'avertiffent des mouvemens de l'Ennemi, de la route qu'il tient, & généralement des découvertes qu'ils ont faites : ils donnent ainfi à la Cavalerie le tems de faire fes difpofitions pour le recevoir ; au lieu que, fi elle n'eft point avertie, les Huffards Ennemis peuvent à tout moment tomber fur elle, la charger en force, & même la furprendre. Dans ce cas, qui eft-ce qui pourroit fe promettre de ramener le Détachement entier au Camp ?

Les Huffards ont plus d'ufage que toute autre Troupe, de fouiller un Pays ; ils font plus prompts à fe rallier pour arrêter l'Ennemi, & enfin ils font habitués à faire feu à cheval ; & quoique ce feu ne foit pas fort dangereux, il contient toujours l'Ennemi, & l'arrête, pendant que la Cavalerie fe raffemble ; au lieu que, s'il n'y a que de la Cavalerie, les Partis qu'on en détachera, n'iront jamais auffi loin que les Huffards, & le Païs ne fera reconnu qu'à moitié. Les Troupes de Cavalerie ne marcheront jamais auffi promptement au fecours l'une de l'autre, parce qu'elles doivent marcher enfemble ; au lieu que, quoique les Huffards marchent en Troupe, ils fe

portent cependant avec plus de célérité aux endroits,
où ils peuvent être néceſſaires ; le feu de la Cavalerie
eſt toujours moins dangereux que celui des Huſſards ,
par le peu d'habitude qu'elle a de ſe ſervir du mouſ-
queton ou de la carabine ; d'ailleurs par l'enſemble
qu'elle doit garder, elle ſera toujours plus gênée pour
tirer, & pour charger promptement.

Il eſt aſſûré que, ſi l'Ennemi n'a point de Huſſards ,
on ſe rendra bien-tôt maître de ſon Païs avec des
Troupes de cette eſpéce, pourvû qu'on ſçache les
employer à propos. Si par le petit nombre de Troupes, dont l'Armée eſt compoſée, par la ſituation déſavantageuſe de l'Armée, ou par quelque autre raiſon,
on ſe trouve ſur la défenſive, on peut par un gros
Corps de Huſſards la rendre offenſive, parce que l'Armée Ennemie ſera néceſſairement fatiguée par les Détachemens continuels, qu'elle ſera obligée de faire
pour s'oppoſer aux Ennemis ; ces Huſſards, ſoit en
gros Corps, ſoit en petit nombre, harceleront l'Armée, & l'obligeront de changer ſes diſpoſitions, &
de prendre toujours des précautions nouvelles, pour
ſe garantir des inquiétudes que ces Troupes lui donneront. Ses Fourrages & ſes Convois ſeront attaqués,
ſes marches prévûes, tout ce qui ſe paſſera au-dehors
du Camp, ſera découvert, rien n'en pourra ſortir en
ſûreté, ſes Détachemens ſeront toujours expoſés, ou

ils feront battus, parce qu'on fera informé de leur fortie, ou ils n'oferont rien tenter, parce qu'ils craindront de tomber dans des embufcades.

Rien n'arrête & n'embarraffe un Général qui a des Huffards; il n'a point à craindre que l'Ennemi le prévienne dans fa marche, ni qu'il le devance dans un pofte; l'Ennemi, qui n'a point, ou peu de Huffards, ne pourra être averti que par fes Efpions, qui ne pourront prendre des éclairciffemens, que lorfque l'Armée fera en marche, c'eft-à-dire, dans le tems qu'il faudroit agir: quand même la Cavalerie & les Dragons pourroient faire le même fervice que les Huffards, on les fatigueroit, & on doit les conferver pour une action générale. On ne fçauroit donc apporter trop de foin pour avoir un Corps fuffifant de ces Troupes fi néceffaires, ne mettre à leur tête que des Officiers capables de les conduire, & les engager à conferver l'efprit dans lequel elles ont été inftituées.

On a reconnu dans tous les tems l'utilité des Troupes Légeres. Annibal dût le fuccès de la Bataille du Theffin à fa Cavalerie Numide, qui faifoit le même fervice que les Huffards; les Romains eux-mêmes en reconnurent l'importance; leurs Légérement-armés leur furent très-utiles dans plufieurs occafions.

Un exemple encore plus mémorable, c'eft l'embufcade que forma Annibal fur la Trébie; * après avoir

* *Hift. de Polybe, Liv. 3. ch. 15.*

embufqué des Troupes dans les joues de cette Riviere, il la fit paffer à fes Cavaliers Numides, avec ordre de s'avancer jufqu'au Camp des Romains, dans le deffein de les attirer dans l'embufcade. Simpronius, qui commandoit l'Armée Romaine, fit fortir fa Cavalerie contre les Numides avec fix mille hommes de traits, qui furent bien-tôt fuivis de toute l'Armée ; les Numides lâcherent le pied à deffein, & furent fuivis par les Romains, qui pafferent la Trébie à leur fuite fans réfiftance : la Cavalerie Carthaginoife vint au-devant des Numides, chargea celle des Romains, la mit en déroute, & l'embufcade étant fortie à propos, les prit par-derriere, & acheva la défaite de l'Armée.

Si une expérience journaliere laiffoit quelque doute fur la néceffité des Troupes Légeres, on pourroit encore prendre dans l'Antiquité des exemples fans nombre de fuccès éclatans, qu'on n'a dûs qu'aux Troupes Légeres : mais on a vû, même de nos jours, affez de preuves de ce que l'on avance. On ofe affûrer qu'une Armée, qui auroit avec elle huit à dix mille Huffards, & quatre mille hommes de Troupes Légeres à pied, peut non-feulement marcher en fûreté, mais encore trouver des fubfiftances dans un Païs, où toute autre Armée, dépourvûe de cette Troupe, n'en trouveroit qu'en facrifiant fon Infanterie & fa Cavalerie, Troupes qu'on doit ménager avec foin pour une affaire générale.

CHAPITRE III.

De la Conduite que doit tenir le Général commandant un Corps avancé de Huſſards, pour n'être point ſurpris ; & des Détachemens en avant.

C'E s t la conduite dès Chefs, qui ſert ordinairement de régle aux Officiers particuliers : quand ceux-ci remarquent dans leurs Supérieurs de la vigilance & de l'activité, ils s'empreſſent à leur marquer leur exactitude ; au lieu qu'un Commandant, qui va d'un Camp à l'autre, & qui eſt, pour ainſi dire, dans tous, excepté dans celui où il doit être, autoriſe les Officiers, qui ſont ſous ſes ordres, à ſuivre le même exemple. Le Soldat, qui ſe voit, pour ainſi dire, le maître, ſe relâche, s'abſente, & le Camp ſans ordre & ſans diſcipline, peut être facilement ſurpris ou enlevé. Faut-il être étonné que la ſubordination manque dans les Troupes, lorſque ceux qui doivent la maintenir, ſont les premiers à la détruire ? L'exemple dans un Chef lui attache les Troupes, & le met en droit de punir ſévérement ceux qui y manquent. Il doit même être plus attentif que ceux qui lui ſont fubordonnés, parce que des Officiers fubalternes font aifément ramenés par leurs Supérieurs ; mais qui reprendra ceux-ci, s'ils violent les régles qu'ils ont eux-mêmes établies ?

Un Général, qui commande un Corps avancé, ne doit jamais fortir de fon Camp, fans des raifons effentielles ; lorfque, par exemple, il a reçu des nouvelles importantes, qu'il faut communiquer au Général, & qui ne peuvent s'expliquer par lettre, lorfque le Général lui ordonne de venir lui parler ; alors il doit quitter le Camp, après avoir cependant fait avertir celui qui commande fous lui ; mais les Brigadiers, les Meftres de Camp, ni les autres Officiers ne doivent jamais en fortir fans fa permiffion. La difcipline & l'ordre, qui font fi effentiels dans tous les Corps, femblent l'être encore davantage dans tous les Corps avancés, parce qu'ils font toujours plus expofés. Celui qui les commande, ne fçauroit y donner trop d'attention. Il doit avoir des Détachemens en avant, qui l'informent tous les jours des mouvemens de l'Ennemi, & doit examiner par lui-même les rapports qu'on lui fait ; la fûreté du Camp exige qu'il employe toutes les reffources poffibles pour s'affûrer de la vérité.

On fuppofe, par exemple, quatre Brigades de Huffards, plus ou moins en avant de l'Armée, fuivant que le permet la situation du Païs, le terrein qu'on voudra couvrir, ou la distance de l'Ennemi ; avant de placer ce Camp, il est nécessaire de connoître la position de l'Ennemi, ses Postes en avant, les Camps détachés qu'il peut avoir, les endroits par où il peut venir attaquer plus facilement, ou par lesquels il pourroit tourner l'Armée, pour inquiéter les Convois qui y viennent journellement. Ce n'est qu'après avoir pris ces connoissances, qu'on doit asseoir le Camp ; le Général, qui commande le Corps avancé, sera instruit par ses Espions & par ses Détachemens, des mouvemens que fait l'Ennemi. Il doit prendre garde qu'en s'éloignant trop de l'Armée, pour la couvrir, & la mettre à l'abri d'être tournée ou inquiétée, il ne s'expose lui-même à être attaqué & enlevé ; parce que, quoique les Détachemens en avant le couvrent, il peut arriver que l'Ennemi, par des détours, ou par des chemins inconnus, échappât à leurs recherches ; & qu'il vînt surprendre le Corps avancé, lorsqu'il s'y attendroit le moins, & qu'étant trop éloigné de l'Armée, la communication & la retraite soient difficiles : pour prévenir ces inconvéniens, lorsque les circonstances exigent qu'on soit très-en avant, le Commandant, au soleil couché, fera monter les Piquets à cheval, & les placera dans les endroits les plus exposés, par où l'Ennemi pourroit venir. Ces Piquets doivent

envoyer

envoyer pendant la nuit des Patrouilles en avant, qui s'arrêteront de tems en tems pour écouter. Pendant la nuit, les Gardes resteront aux Postes, qui leur auront été désignés, & seront très-attentives. Le Général du Corps avancé doit avoir sur-tout une communication assûrée avec l'Armée. Si le Camp avancé n'est pas assez considérable, pour pouvoir la garder par lui-même, le Général de l'Armée doit y suppléer par des Détachemens tirés de l'Armée, & les placer entre le Corps avancé & l'Armée. Ces Troupes resteront dans ces endroits vingt-quatre heures, & seront relevées par d'autres : si cependant ce Corps étoit si avancé, que s'il venoit à être attaqué, il ne pût espérer un prompt secours, on pense qu'alors il faudroit mettre une Brigade d'Infanterie & deux de Dragons entre l'Armée & le Camp en avant, plus près cependant de l'Armée que du Camp ; ces Brigades protégeroient le Corps avancé des Hussards dans sa retraite, & garderoient en même tems la communication entre les deux Camps. En 1746, lorsque M. le Maréchal de Saxe étoit campé à Tongres, M. le Comte d'Estrées, qui commandoit ce Corps avancé, étoit campé à Houtain ; & pour assûrer ce Corps avancé, & garder sa communication avec l'Armée, M. le Maréchal avoit placé deux Corps de Troupes entre Tongres & Houtain, commandés, l'un par M. le Comte de Clermont Gallerande, & l'autre par M. le Vicomte du Chayla.

Le Général du Corps avancé fera tous les jours le tour du Camp, visitera tous les Postes, qu'il aura eu soin de ne pas trop multiplier, pour ne pas fatiguer les Troupes qui sont dans le Camp. Celles qui sont à la guerre, suffisent pour l'assûrer, sans le charger de trop de Gardes ; parce qu'il doit avoir attention de conserver toujours des Troupes fraîches pour remplacer celles qui reviennent de Détachement.

On doit fixer la force & la quantité des Détachemens pour la découverte. Ceux qu'on envoie pour avoir des nouvelles de l'Ennemi, pour sçavoir s'il est décampé, s'il construit des Ponts & autres choses semblables, dont il faut être nécessairement instruit, doivent avoir un jour fixe pour leur retour. Il en est d'autres qu'on donne à des Officiers intelligens, qui ne doivent jamais perdre l'Ennemi de vûe, pour donner journellement de ses nouvelles, pour attaquer des petits Convois, des Equipages, pour ramasser des Maraudeurs, pour attaquer des Gardes avancées. On ne doit point fixer à ces Détachemens le tems qu'ils doivent rester dehors, ni les lieux où ils doivent aller ; il faut cependant qu'ils observent de rentrer huit ou dix jours après qu'ils auront resté hors du Camp. L'inconvénient qu'il y auroit à fixer le jour à ces Détachemens, c'est que peut-être le jour déterminé pour le retour, feroit celui où ils pourroient apprendre des nouvelles de l'Ennemi, & que fe trouvant obligés de rentrer, ils deviendroient infructueux.

Quand ces Détachemens font partis, il faut en faire fortir de plus forts pour les foutenir ; mais ils ne doivent point s'avancer à plus d'une lieue & demie ou deux lieues du Camp, felon que le Païs eft ouvert ou fourré, ou que l'Ennemi eft éloigné. Ces Détachemens ne font que pour recevoir ceux qui font en avant, au cas qu'ils foient repouffés, fi l'Ennemi eft en force, & que les Détachemens en avant, & ceux qui les foutiennent, foient obligés de fe retirer ; au premier coup de piftolet que les Gardes entendront, elles enverront avertir au Camp que les Détachemens font attaqués ; alors les Piquets, à la tête defquels doivent fe trouver les Officiers Supérieurs, monteront à cheval, & iront au-devant des Détachemens attaqués ; mais ils ne s'avanceront pas au-delà des Gardes ordinaires, de plus d'un quart de lieue, d'abord pour foutenir ceux qui fe battent, & qui font repouffés, enfuite afin qu'au cas qu'ils foient vivement pliés, ils n'entraînent point dans leur retraite les Gardes qui doivent être toujours ftables.

On doit obferver que le Brigadier de Piquet ne doit point faire monter à cheval, fans en donner avis au Général commandant le Corps; mais aussi on doit avertir à l'ordre, une fois pour tout, que, lorsque le Camp recevra des nouvelles des Gardes avancées, que quelques Détachemens sont repoussés, l'Officier supérieur de Piquet, qui se trouvera à la tête du Camp, pourra faire monter les Piquets à cheval, en faisant toujours avertir le Général, mais avec défense à eux de ne s'avancer qu'un quart de lieue plus loin que les Gardes; parce que ces Piquets ne sont destinés qu'à les protéger & à favoriser la retraite des Détachemens repoussés.

Cet ordre est d'autant plus nécessaire, que, s'il falloit attendre celui du Général, pour faire monter à cheval, l'Ennemi auroit le tems de plier & de battre les Détachemens en avant, & peut-être même d'entraîner avec eux les Gardes ordinaires, avant que cet ordre fût arrivé, & s'ils étoient assez en force, ne voyant personne dans le Camp en état de le défendre, ils l'attaqueroient & l'enleveroient facilement; parce que des Hussards marchent avec célérité, que leur force consiste dans la vivacité de l'attaque, & non dans l'ensemble.

Quand les Piquets seront sortis, il est prudent de faire seller le reste des chevaux, afin que les Troupes du Camp puissent monter à cheval au premier ordre, & ils resteront sellés jusqu'à ce que les Piquets soient rentrés.

Les Huſſards qui compoſent un Camp en avant, devroient toujours tenir leurs chevaux ſellés ; ce n'eſt que par tolérance qu'on permet à ceux qui ne ſont point de Service, de laiſſer leurs chevaux ſans ſelle. On penſe bien qu'un Camp de Cavalerie ne pourroit pas être mené de la ſorte ; auſſi ne la met-on pas à portée d'être attaquée & d'attaquer tous les jours ; au lieu que c'eſt le devoir des Huſſards. Ils doivent être les Vedettes de toute l'Armée, afin d'empêcher que l'Ennemi n'en approche, au lieu qu'on ne doit employer la Cavalerie que dans les plus grandes opérations & dans des occaſions déciſives. C'eſt donc aux ſeuls Huſſards à faire la Guerre de Campagne, à être journellement expoſés comme les Enfans perdus de l'Armée & ceux qui doivent veiller à ſon repos & à ſa ſûreté.

L'Affaire de Dénain, gagnée en 1712 par M. le Maréchal de Villars ſur les Alliés, dont une partie étoit occupé au Siége de Landreci, que M. le Prince Eugene conduiſoit en perſonne, & l'autre à garder à Dénain la communication de Marchienes à l'Armée de ce Prince, commandée par Milord Albermale, prouve encore la néceſſité des Huſſards. M. le Maréchal de Villars qui avoit deſſein de marcher pour attaquer Dénain & Marchienes, où étoient tous les Magaſins des Ennemis, fit un mouvement du côté de la

* *Hiſt. du Prince Eugene, Tom. 4. Liv. 13.*

Sambre, pour faire croire qu'il vouloit marcher au secours de Landreci, il fit même construire des ponts sur cette Riviere, & fit faire des ouvertures dans les trouées de Fémy, comme s'il eût voulu y passer ; il fit tous les mouvemens nécessaires pour faire croire qu'il vouloit forcer les lignes des Ennemis, & fit même avancer trente Escadrons de Dragons vers les lignes de circonvallation, comme s'il eût voulu les faire attaquer ; mais en même tems il fit marcher son Armée du côté de Dénain, & détacha ses Hussards en avant, qui arrêterent tous les Exprès que M. de Cronestrom, le Commandant de Bouchain & celui de St. Amand envoyoient à Milord Albermale, pour l'avertir de la marche du Maréchal. Ces mêmes Hussards ayant passé la Censette, couperent & firent prisonniers plusieurs Détachemens de Cavalerie que ce Général avoit fait avancer pour avoir des nouvelles : il ne put être averti, & il fut, pour ainsi dire, surpris & battu ; une grande partie de ses Troupes furent prises, les magasins de Marchienes pillés, le Siége de Landreci levé & le projet des Alliés, de venir dans le cœur de la France, évanoui.

CHAPITRE IV,

*De l'Usage qu'on doit faire des Huffards le jour
d'une Bataille.*

TOUTES les opérations d'une Campagne cef-
fent, dès qu'une Affaire générale eft décidée ;
alors il eft effentiel de ne point laiffer les Huffards
inutiles, & l'on doit les placer dans les endroits où
ils peuvent porter un fecours plus prompt, & où par
une charge vive, ils peuvent couper la retraite à l'Ennemi battu & fuivi, ou rallentir par une attaque fur
les flancs, la pourfuite de l'Ennemi victorieux.

Comme ces Troupes ne font point montées affez
avantageufement pour charger feules de la Cavalerie,
que d'ailleurs leurs manœuvres font différentes, il faut
par la pofition qu'on leur donne, les mettre à même
d'attaquer avec avantage quelque Troupe que ce
puiffe être. Tantôt elles doivent être éparpillées, du
moins une partie, tantôt elles doivent être réunies ; ce
font les circonftances qui en décident. Cependant le
jour d'une Bataille, elles doivent avant le combat être
la Vedette de l'Armée, & lui faciliter les moyens de

ſe ranger en bataille, ſans être inquiétée par l'Ennemi dans cette opération eſſentielle. Par la poſition de ces Troupes en avant, les Généraux pourront facilement ſe porter de la droite au centre & à la gauche, ſans craindre d'être troublé par l'Ennemi dans leurs opérations, & les Généraux Ennemis ne pourront non plus s'avancer pour reconnoître la diſpoſition de l'Armée, & changer la leur, relativement aux obſervations qu'ils auront faites ; elles ſont faites auſſi pour s'emparer d'un poſte favorable ou d'une hauteur, en attendant qu'on les faſſe relever par de l'Infanterie & du canon ou par de la Cavalerie, ſi le terrein lui eſt propre. La veille de la Bataille de Lawfeld, gagnée par le Roi en 1747, M. le Comte d'Eſtrées ſe porta avec ſon Corps de Huſſards ſur les hauteurs, qui ſont entre Herderen & Alt, Herderen dont les Ennemis vouloient s'emparer & les contraignit de ſe retirer ſur Gros & Glain Spawen, ce qui donna la facilité aux Troupes qui arrivoient, de ſe ranger en bataille.

Lorſque l'Armée eſt rangée, & qu'elle eſt prête à combattre, on doit leur envoyer ordre de ſe retirer, alors ils ſe raſſembleront & iront ſe mettre en bataille derriere la premiere ligne pour y attendre les ordres du Général.

Ils peuvent être employés utilement de pluſieurs façons différentes ; 1°. derriere les Brigades de Cavalerie

lerie qui font deftinées à charger l'Ennemi. Dans un
Champ de Bataille on peut aifément prévoir par où la
Cavalerie Ennemie débouchera, qu'elle eft celle qui
chargera plus facilement la premiere ; on peut par
conféquent fçavoir quelle eft celle qu'on lui oppofera.
C'eft derriere ces Brigades que les Huffards doivent
être placés, pour prendre l'Ennemi en flanc lors de
l'attaque. Si les deux aîles des deux Armées peuvent
charger en même tems, on partagera les Huffards &
l'on en mettra la moitié derriere la premiere ligne de
la droite, & l'autre moitié à celle de la gauche, pour
faire la même manœuvre. Si l'Ennemi eft battu dans
cette partie, on en abandonnera la pourfuite aux Huffards, qui, par une attaque vive l'empêcheront de fe
rallier. Cependant une partie de l'aîle de la Cavalerie
fuivra les Huffards pour les foutenir, & l'autre partie
reftera pour prendre en flanc l'Infanterie ennemie,
lorfqu'elle fera attaquée en front par l'Infanterie de
l'Armée ; dans cette circonftance la feconde ligne doit
s'avancer pour contenir la feconde de l'Ennemi, fuppofé que la défaite de la premiere ligne ne l'aitpas en-
traînée ; fi elle l'a été, cette feconde ligne ne donnera que plus de force à l'attaque du flanc de l'Ennemi.
Elle fervira ou à protégerligne la partie de l'aîle de la
premiere qui doit attaquer le flanc de l'Infanterie ennemie, en cas qu'elle foit repouffée ou attaquée en

Tome II.   Y

flanc par des Bataillons de la seconde ligne, que l'Ennemi peut faire marcher pour s'opposer à l'attaque de cette Cavalerie. On peut sans doute mettre des Dragons derriere cette Cavalerie, pour leur faire faire la même manœuvre qu'aux Hussards; il seroit encore mieux d'y employer de la Cavalerie, supposé qu'on en eût assez sans dégarnir la premiere & seconde ligne; mais un Général doit, autant qu'il le peut, placer toutes ses Troupes de façon qu'il puisse s'en servir facilement, & que par la position qu'il leur donne, elles ne puissent être inutiles. On ne veut point dire par-là qu'il soit nécessaire que toutes chargent; le grand Art à la Guerre, est de n'employer que le moins de Troupes qu'il est possible, & d'obliger l'Ennemi à en opposer beaucoup; de n'employer, par exemple, que dix Bataillons, & d'en occuper avec avantage vingt des Ennemis; mais quoiqu'il faille éviter de faire charger toutes les Troupes, il faut cependant les placer de façon, qu'elles puissent agir facilement au premier ordre, & que sans rien déranger au front, on puisse leur donner toutes les formes que l'occasion & les circonstances pourront exiger. Si l'on ne mettoit pas les Hussards dans cette position ou dans celle qu'on indiquera ci-après, ils deviendroient inutiles, & seroient comme spectateurs de la Bataille. Cette inaction rallentiroit leur valeur & leur seroit injurieuse.

Suppofé qu'on mette les Huffards dans la pofition dont on vient de parler, les Dragons pour lors doivent être mis en réferve pour fe porter légerement où le danger fera le plus preffant, ce qu'ils feront avec d'autant plus de facilité, que leurs chevaux font plus légers que ceux de la Cavalerie, plus forts que ceux des Huffards, & qu'ils peuvent par cette raifon attaquer de la Cavalerie, ce que les Huffards ne pourroient faire, à moins qu'ils ne fuffent fecondés par d'autres Troupes, foit Cavalerie ou Dragons.

Mais fi l'Ennemi a l'avantage, & que la Cavalerie ait été pliée ou battue, les Huffards, qui, comme on a dit plus haut, font placés en écharpe fur le flanc de la Cavalerie, chargeront vivement l'Ennemi le fabre à la main, & par cette attaque rallentiront certainement la vivacité de fa poufuite, & donneront le tems à l'aîle qui eft pliée, de paffer fans confufion par les intervalles de la feconde ligne, qui, dans ce moment, doit s'avancer en ordre, & charger l'Ennemi qui l'eft déja fur fon flanc.

C'eft dans ce moment que les Dragons qui font en réferve, peuvent être d'une très-grande utilité ; une partie doit marcher & fe ranger en bataille fur la même place & dans la même pofition où étoient les Huffards avant leur charge, & par cette pofition ils contiendront la feconde ligne de l'Ennemi, l'empêche-

Y ij

ront de prendre les Huffards en flanc & par derriere & même de marcher au fecours de fa premiere ligne attaquée de toutes parts.

S'il y avoit des haies à l'extrémité des aîles, il feroit bon d'y placer quelque Infanterie, avec quelques piéces de Campagne ; on croit cette Infanterie d'autant plus néceffaire, que fi les Ennemis avoient eu la précaution d'y en mettre, les Huffards ne feroient d'aucune utilité, parce que tandis qu'ils prendroient l'aîle ennemie en flanc, ils feroient attaqués par fon Infanterie, qui eft fur fes aîles ; au lieu qu'ayant de l'Infanterie de leur côté, elle contient celle de l'Ennemi, & protége les Huffards dans leur attaque ; mais s'il arrivoit que l'Ennemi eût négligé d'en mettre, il feroit aifé de fe fervir de celle qu'on a pour attaquer la feconde ligne par fon flanc en même tems que les Dragons qui font venus prendre la place des Huffards ; & ces deux armes réunies donneront à cette charge un fuccès prefque certain.

Secondement, on peut placer les Huffards dans un jour de Bataille, à mille ou deux mille pas fur la droite ou fur la gauche de l'Armée, à-peu-près fur le chemin par où l'Ennemi peut fe retirer ; dans cette pofition, ils doivent attendre le fuccès de la Bataille. Si l'Ennemi eft battu, ils doivent alors couper la retraite à la Cavalerie, qui probablement fera fuivie de près par celle de l'Armée, & par ces deux attaques réunies, achever sa défaite entiere. Si à la Bataille de Lawfeld deux Régimens d'Huffards, qui étoient placés derriere Montenaken, s'étoient avancés du côté de Maeftrick, lorſque la Cavalerie ennemie fut miſe en fuite, ils l'auroient coupée, & elle ſe feroit trouvée entre deux feux. Si au contraire l'Ennemi eſt victorieux, les Huffards doivent ſe rapprocher de l'Armée, & ſe placer ſur les flancs des Troupes qui font l'Arriere - garde pour les couvrir & empêcher que l'Ennemi ne les attaque en flanc.

Troiſiémement, on peut les oppoſer aux Huffards Ennemis ; mais comme ceux-ci reſtent derriere, & qu'ils ne paroiſſent point dès que l'Affaire eſt engagée, que d'ailleurs l'avantage qu'ils auroient les uns ſur les autres, ne décideroit pas du gain, ou de la perte de là Bataille, cette manœuvre ne pourroit être utile qu'autant que les Huffards ennemis voudroient prendre l'Armée par ſes flancs. Si cependant l'Armée étoit battüe, il n'eſt pas douteux qu'ils feroient les premiers à tomber ſur l'Arriere-garde ; alors on mettroit les Huffards, comme on l'a déja dit, ſur la droite & ſur la gauche des Troupes qui font l'Arriere-garde, 1°. pour garder leurs flancs ; 2°. pour empêcher que l'Ennemi ne les tourne & ne les attaque en tête, tandis qu'elles le font déja par derriere, & enfin pour éviter la confuſion, en ce que la manœuvre des Huffards eſt très-différente de celle de la Cavalerie, qu'ils vont à la charge très-vîte, & qu'ils reviennent de même, mouvement qui pourroit mettre du défordre & même jetter l'épouvante parmi la Cavalerie & l'Infanterie, fi les Huffards faifoient l'Arriere-garde du tout; au lieu qu'étant fur les flancs, ils peuvent faire tous les mouvemens & toutes les manœuvres qu'ils croiront néceffaires, fans déranger l'ordre & la difpofition de l'Arriere-garde.

Quatriémement, il peut fe faire encore qu'il y ait fur les flancs des deux Armées, à une demi-lieue plus ou moins, des endroits propres à cacher un gros Corps de Troupes ; il faut en profiter & y embufquer des Huffards, qui, lorfque les deux Armées feront aux mains, fortiront & viendront fondre fur le derriere de l'Armée ennemie; mais pour pouvoir réuffir à furprendre l'Ennemi, il faut que les Huffards puiffent s'embufquer fans être vûs, & que le terrein entre l'embufcade & l'Ennemi foit facile, afin qu'ils puiffent déboucher promptement; enfin dans quelque pofition qu'on mette les Huffards, il faut toujours que les manœuvres fe faffent promptement & qu'ils puiffent fe porter aifément où il leur fera ordonné. Il y a fans doute beaucoup d'autres pofitions qu'on peut leur donner ; il feroit impoffible de les détailler toutes; elles dépendent du terrein, de la difpofition de l'Ennemi, & de l'ufage que le Général veut en faire relativement à fa difpofition & à fes idées.

CHAPITRE V.

Du Service des Troupes Légeres à pied pendant la Campagne, & de la place qu'elles doivent occuper le jour d'une Bataille.

LA feule différence qu'il y a entre le Service des Troupes légeres à pied pendant la Campagne, & celui des Huffards, c'eft que ces derniers peuvent fe porter plus légérement & plus promptement partout où le Général les envoye : d'ailleurs l'une & l'autre Troupe fervent également à la fûreté d'une Armée, & leur réunion les met à l'abri de toute efpéce de danger ; rien ne les arrête, & elles font comme affûrées de réuffir dans leurs projets : les Troupes légeres à pied, ainfi que les Huffards, peuvent être fans ceffe en Détachement, fervir à l'efcorte des Convois, à la chaîne des Fourrages, à s'emparer des paffages en avant par où l'Ennemi pourroit venir, à garder des poftes néceffaires à conferver ; lorfqu'il y a un Corps féparé de la grande Armée, en garder la communication & protéger les poftes avancés de ce Corps féparé : enfin elles peuvent être employées généralement à tout ce que les Huffards peuvent entreprendre, à cela près qu'elles ne peuvent pas se porter aussi promptement où il leur est ordonné.

Il semble d'abord qu'il n'y ait pas une grande différence entre ces Troupes, parce que les Régimens de Troupes légeres étant, selon l'usage, moitié à pied moitié à cheval, celle qui est à cheval, peut faire les mêmes manœuvres & le même service que les Hussards ; la différence est cependant sensible entre des Troupes exercées au maniement du cheval, avec celles qui n'en ont aucune connoissance, & qui montent peut-être à cheval pour la premiere fois ; il n'en est pas de même du Soldat à pied ; il est formé à ce service dès la premiere Campagne ; il pourra agir offensivement, s'il est conduit par des Officiers expérimentés ; au lieu que quelque capacité qu'ayent les Officiers qui conduisent des Troupes à cheval, elle deviendra inutile si les Cavaliers ne sçavent point manier leurs chevaux ni leurs armes, comme d'ailleurs les Régimens de Troupes légeres ne sont d'une force un peu considérable, que lorsque la Guerre est déclarée, il est impossible que les Troupes légeres à cheval puissent être assez tôt exercées pour servir utilement. Quelque courage & quelque bravoure qu'on leur suppose, comme la Guerre qu'elles font, exige autant d'adresse & de finesse dans l'esprit que de vertu

dans

dans le cœur, ce n'eſt ni dans la premiere ni dans la ſeconde Campagne qu'elles pourront acquérir ces qualités, c'eſt l'uſage & la préſence de l'Ennemi qui les donnent.

Le génie de la Nation Françoiſe ſe plie à tout; mais il lui faut du tems; le François peut s'accommoder à tous les uſages, il devient, pour ainſi dire, quand il le veut, de toutes les Nations ; mais il n'eſt pas naturellement propre à ce genre de Guerre : il ſçait marcher en avant & attaquer avec courage; mais trop vif pour ſe commander à lui-même, ſouvent il employe ce même courage dans une occaſion où il ne faudroit que de la ruſe. Le Hongrois & l'Allemand ont plus de ſang froid & plus de conſtance. Le premier eſt ſans doute le ſeul peuple qui ſoit naturellement propre à ce métier ; le ſecond y parvient avec un peu d'exercice.

L'Allemand, outre la ruſe & l'adreſſe, a encore beaucoup de fermeté dans l'occaſion, qualité que le Hongrois peut aiſément acquérir par une diſcipline exacte & par un exercice ſouvent répété.

Outre le Service que les Troupes légeres peuvent faire à pied pendant la Campagne, elles peuvent encore être très-utilement employées le jour d'une Bataille, 1°. parce que, comme on l'a remarqué plus haut, il eſt ſouvent très-néceſſaire d'avoir de l'Infanterie

Tome II. Z

à l'extrémité des aîles de la Cavalerie : l'Infanterie des Troupes légeres eſt celle qui doit y être naturellement placée, comme étant hors de lignes, & ne dérangeant rien à l'ordre de Bataille.

2°. On peut encore les mettre dans une autre poſition. Il n'y a preſque point de Bataille où les premiers avantages de part & d'autre ne dépendent de quelque défilé, de quelque ravin, d'un bois ou de quelque autre poſte. Il ſemble que la garde de ces poſtes ne puiſſe être mieux confiée qu'à ces Troupes, qui, ſans être plus braves que les autres, ſont plus accoutumées au feu, parce qu'elles voyent tous les jours l'Ennemi. Tout Soldat s'habitue au feu & s'accoutume au danger : on peut obſerver qu'il prend beaucoup moins de précautions au ſecond Siége qu'au premier, & au troiſiéme qu'au ſecond ; ainſi les Troupes légeres toujours aux priſes avec l'Ennemi, ſont familiariſées avec tous les dangers, & tirent plus promptement que les autres Troupes. D'ailleurs que n'a-t-on pas à eſpérer de Troupes, qui ſeules s'expoſent journellement à tout, lorſqu'elles ſe verront ſoutenues par des Grenadiers & par des Piquets ? Si en tout événement malgré leur opiniâtreté, elles ſont obligées de ſe retirer, leur retraite qui eſt toujours meurtriere pour l'Ennemi par leur feu continuel, ne laiſſera aucune impreſſion fâcheuſe à l'Armée, parce qu'on ſçait qu'elles ont ac-

coutumé de se retirer quand elles trouvent une force
supérieure, & qu'elles se rallient aussi vîte pour revenir à la charge, quand les circonstances l'exigent ; au
lieu que lorsque l'on voit des Grenadiers ou des Bataillons fuir & plier, ce premier échec de l'élite de
l'Infanterie abbat le courage des Troupes, éleve celui de l'Ennemi, & peut jetter dans toute l'Armée un
découragement qui risque d'en entraîner la déroute.

Il est certain que des Troupes légeres sont très-
nécessaires à la Guerre, ce sont elles qui doivent faire
toute la Guerre de Campagne ; ce sont elles qui pro-
tégent l'Infanterie & la Cavalerie dans les Fourrages
& les Convois ; qui éclairent la marche d'une Armée,
qui empêchent que les Troupes ne soient surprises,
& qui épargnent à l'Infanterie & à la Cavalerie beaucoup de fatigues qu'elles auroient nécessairement, s'il
falloit les employer aux manœuvres auxquelles sont
employés les Hussards & les Troupes légeres à pied ;
enfin que l'Ennemi en ait, ou qu'il n'en ait point, il est
nécessaire d'en avoir : si l'on a des Hussards & des Troupes légeres à pied, elles s'opposeront à celles de l'Ennemi ; si l'Ennemi n'en a point, celles de l'Armée le
harceleront continuellement & fatigueront tellement
sa Cavalerie & son Infanterie, qu'il ne pourra que très-
difficilement agir offensivement.

TELS sont à-peu-près les principes sur lesquels

roulent toute la Science Militaire: je ne me flatte point d'avoir tout approfondi ; le travail feroit immenfe & le projet chimérique. Je ferois trop heureux fi je pouvois feulement efpérer d'avoir mis l'Officier à même d'étudier. Je ne ferai point jaloux que quelqu'autre s'éleve contre mes principes, pourvû qu'il en établiffe de plus folides, & je ferois trop content d'avoir donné lieu à la critique fi elle devenoit inftructive.

Une pratique de plufieurs Campagnes, & une étude de plufieurs années peuvent à peine inftruire du métier de la Guerre : il n'en eft pas de cette Science, comme de bien d'autres ; il n'eft perfonne qui, à force d'application, ne puiffe parvenir aux connoiffances les plus abftraites ; c'eft qu'elles ne fuppofent pas dans l'ame les vertus qu'exige la Science Militaire ; c'eft fans doute pour cette raifon que celui qui connoît le mieux le métier des Armes, eft fouvent celui qui le pratique le plus mal. » Le confeil & l'exécution, dit » Salufte, * fe trouvent rarement enfemble, parce qu'il » arrive le plus fouvent que la prévoyance, qui eft la » fource des bons confeils, rend les hommes timides, » & que la hardieffe, qui eft néceffaire pour l'exécu- » tion, les rend téméraires. Ainfi que le Général qui s'eft éprouvé, qui a acquis la réputation la mieux méritée, s'éprouve encore, & fe méfie toujours de lui-même ; que celui qui eft le plus inftruit, cherche

* *De Bello Jugurt.*

à s'inſtruire encore davantage. Dè même qu'il n'appartient qu'au Grand-Homme d'être modeſte, il n'eſt donné qu'à celui qui eſt véritablement ſçavant, de connoître & d'avouer qu'il ignore bien des choſes.

On a parlé * au commencement de cet Ouvrage des qualités d'un Général ; on ne peut rien ajouter à ce qu'en ont dit Onozander, Santa Cruz, Feuquieres & tant d'autres ; mais on ne ſçauroit aſſez répéter qu'il ne peut acquérir les vertus guerrieres, qu'autant qu'il pratiquera les vertus morales. Que l'humanité ſoit ſurtoùt la premiere ; on ne l'acquiert jamais, on ne peut même en avoir les dehors, ſi elle ne naît avec nous ; c'eſt elle cependant qui donne du luſtre à toutes les autres. Celui qui la poſſéde, ne s'enorgueillit point de ſes talens ; il eſt juſte, équitable, il ſçait ſacrifier ſa propre gloire aux avantages de ſa patrie. Un trait d'humanité a ſouvent procuré plus de réputation à un Héros que les actions les plus éclatantes : la Journée d'Arbelles, & la Bataille de Zama rendent Alexandre & Scipion moins chers à la poſtérité, que la généroſité de l'un à l'égard de la Famille de Darius, & que la retenue de l'autre envers la belle Captive qu'il dégage de ſes fers.

Plutarque rapporte * qu'un des principaux Citoyens d'Athénes ayant été pris par les Macédoniens, en fut ſi bien traité, que, lorſqu'on vint le racheter, il ré-

* *Diſcours Prélim.*

* *In Alexandrum.*

pondit à ſes Compatriotes, ſurpris de lui voir répan-
dre des larmes : *Croyez-vous que je puiſſe, ſans douleur, quitter une Ville, où il y a des Ennemis ſi gé-
néreux, qu'il ſeroit mal-aiſé de trouver ailleurs d'auſſi
bons amis !* Cette conduite généreuſe des Macédoniens ſoumit plus de peuples à Alexandre que la force
de ſes armes.

Le métier de la Guerre a cela de particulier, que
la réputation n'y dépend point de la fortune & du ha-
ſard : avec de la vertu le ſimple Soldat peut devenir
un Héros. On a défini un Héros, un homme ferme
contre les difficultés, intrépide dans le péril, & vail-
lant dans les combats ; que ſont-ce ces qualités, que
des effets de la vertu ? Si d'ailleurs cette vertu ſe joint
au génie, quel eſt le Soldat, qui ne puiſſe prétendre
au titre de Grand-Homme ? Il arrive quelquefois que
le mérite languit dans l'obſcurité ; trop de modeſtie
eſt, ſi l'on peut s'exprimer ainſi, le défaut des perſonnes les plus vertueuſes.

Qu'il me ſoit permis, avant de finir, de haſarder
une réflexion, qui pourroit être utile aux talens militaires. En un ſeul jour de Bataille il ſe paſſe plus de belles
actions que l'Hiſtoire n'en a remarquées dans pluſieurs
ſiécles. Qu'on interroge tous les Officiers qui ont ſervi
dans nos dernieres Guerres, il n'y en a aucun qui n'ait
été témoin de quelque fait héroïque, qui s'eſt paſſé

dans la Troupe qu'il commandoit ; pourquoi faut-il
que ces faits soient sans récompense, & que le nom
d'un bon Soldat reste dans l'oubli ? Une action écla-
tante, transmise à la famille d'un seul homme, seroit
peut-être une source de braves Soldats pour la patrie.
Ne pourroit-on pas conserver dans chaque Régiment
des Archives, où l'on consacreroit la mémoire des
Soldats qui auroient le mieux combattu, ou qui se
seroient distingués par quelques traits éclatans ? De
tels Mémoires donneroient de l'émulation aux Corps
entiers, & seroit pour le particulier un motif qui l'ani-
meroit encore dans l'espérance, que son nom passe-
roit à la postérité. Qu'on me permette de le dire, les
Romains étoient plus attentifs que nous aux actions
particulieres de leurs Soldats. * Il suffisoit parmi eux
d'avoir sauvé la vie d'un Citoyen, pour mériter la Couronne Civique. La vertu se suffit sans doute à elle-
même ; mais les récompenses doivent être regardées
moins comme le prix des belles actions qu'on a faites,

---

* La Noue, cet homme de bien, dans le siécle le plus pervers, se récrioit
sur le peu d'ordre qu'on observoit en France dans les récompenses
Militaires. *Quand il est question*, dit-il, *de pauvres estropiés ou envieillis aux
armes, qui requérent qu'on ait compassion d'eux, si de cent les dix reçoivent gra-
tification, c'est tout ; & encore quelle est-elle ? Une place de Moine Lais dans
une Abbaye, où à peine le pauvre Soldat est arrivé, que les Moines le forçent à
se retirer ailleurs.* Quelle satisfaction pour cet homme s'il avoit pû voir
l'établissement des Invalides ; l'Edit pour la Noblesse en faveur des
Officiers & l'Ecole Militaire. *Voyez les Discours Polit. & Milit. de la
Noue. Disc. 7.*

que comme un aiguillon pour exciter à en faire.

Mais les vertus guerrieres font fans mérite, fi elles ne font produites & foutenues par des vertus plus folides; il eft peu de Grands Généraux qui n'ayent eu de la piété, & qui n'ayent fait foigneufement obferver la Religion : les Perfes imploroient le fecours de leurs Dieux avant le combat; les Grecs cherchoient à fe les rendre favorables par des facrifices & par des prieres; les Romains leur dévouoient avant la Bataille les dépouilles de leurs Ennemis. Chez tous les Peuples les chants de victoire font des Hymnes à l'honneur de la Divinité. En effet, fi l'honneur & l'amour de la gloire, qui dans le fond ne font que des préjugés heureux, font fi puiffans fur l'ame, que ne pourra point la Religion, qui eft fi profondément gravée dans tous les cœurs? » Dans une Bataille, dit » un Ecrivain de ce fiécle, ceux qui craignent le plus » les Dieux, font ceux qui craignent le moins les » hommes. »

La modeftie & l'humanité font les plus belles qualités d'un Militaire; celui qui a dé la Religion eft modefte, parce qu'il rapporte tout à celui qui dirige fon bràs; il eft humain parce que la Juftice eft la bafe de toute Religion : elle rend le Soldat patient dans fes travaux, docile à fes Maîtres, complaifant pour fes femblables; elle lui apprend que fa vie n'eft qu'un dé-

pôt

pôt qu'il doit défendre ; mais qu'il doit hafarder pour fa
Patrie ; dans un jour de Bataille, le Soldat qui a de la
piété, n'a befoin d'être guidé qu'autant que fes lumieres ne lui permettent pas de fe guider lui-même ; mais
dans la fureur des combats & dans le fein de la victoire il n'a pas befoin de frein ; il répand à regret le
fang que fon devoir exige qu'il répande & ménage par
humanité celui qui doit être épargné. Je ne m'étendrai
point fur les effets que la Religion produit dans un
Général ; le feul nom de Turenne renferme en lui feul
tout ce qu'on pourroit dire à fon fujet.

Enfin la Religion rend le Soldat plus courageux &
plus docile ; elle aide l'Officier dans l'étude de fes de-
voirs & le foutient dans la pratique ; elle le rend le
foutien de l'Etat, la gloire du Prince & lui fait mériter
l'eftime de fa Patrie : fi elle ne peut fuppléer au talent
ni au génie, elle fait du moins que ceux à qui la nature
a refufé l'un & l'autre, ne briguent point les emplois
qui les fuppofent.

J'ai fans doute répété dans cet Ouvrage bien des
chofes qui avoient déja été dites : comment cela ne
pouroit-il pas être ? Puifque j'ai puifé dans les mêmes
fources où tant d'autres avoient puifé avant moi ; mon
but a été d'inftruire les autres, en tâchant de m'inftruire moi-même : ne pouvant donner le gout & le génie

Tome II.   A a

de la Guerre à ceux qui ne les ont pas ; je les fuppofe
dans mes Lecteurs : ce génie eft un don de la nature,
l'amour de la gloire le développe, l'étude le difpofe,
la pratique le perfectionne.

Fin du cinquiéme & dernier Livre.

TABLE
DES MATIERES.

Les lettres (a) , (b) , (c) , (d) , (e) , défignent les
1 , 2 , 3 , 4 & 5 , Livres.

A

Tome II.

Fin de la Table des Matieres.

APPROBATION DU CENSEUR ROYAL.

J'AI lû par l'ordre de Monseigneur le Chancelier, un Manuscrit, intitulé : *Essai sur l'Art de la Guerre*. Cet Ouvrage rassemble ce qui s'est écrit de plus essentiel sur la Science Militaire: on y traite les plus grandes Opérations de la Guerre, & l'Auteur accompagne de réflexions solides, le récit des manœuvres pratiquées par les plus illustres Généraux. La clarté, l'ordre & le stile, caractérisent cet Ouvrage, il exempte ses Lecteurs de l'ennuyeuse étude de plusieurs Ecrits & Mémoires, presque toujours noyés d'une infinité de choses inutiles. Fait à Paris ce 1. Avril 1754.

MONTCARVILLE.

EXPLICATION

de la Planche premiere.

A. Armée en bataille pour ſe mettre en marche.

B. Parc de l'Artillerie où ſe font raſſemblés les équipages de l'Armée & leurs eſcortes.

C. Marche de la Cavalerie pour former la colonne de la droite.

D. Marche de la Cavalerie pour former la colonne de la gauche.

E. Marche de l'Infanterie pour ſe former en trois colonnes.

F. Marche de l'Artillerie & des Equipages pour ſe former en colonnes le long du chemin.

G. Troupes d'Huſſards couvrant les flancs de l'Armée, & faiſant l'Arriere-garde des Arrieres-gardes des colonnes, lorſque l'Armée eſt paſſée.

H. Ponts & Gués reconnus par les Détachemens en avant, qui ont tracé les routes de l'Armée.

I. Ponts conſtruits par les mêmes Détachemens.

K. Avant & Arriere-gardes des colonnes tirées des mêmes Troupes qui les forment.

L. Troupes d'Huſſards marchant ſur les flancs de l'Armée.

M. Troupes d'Huſſards marchant à la tête de l'Armée, pour fouiller le païs par où l'Armée doit paſſer, & pour reconnoître en même tems les routes tracées par les Dé-tachemens en avant.

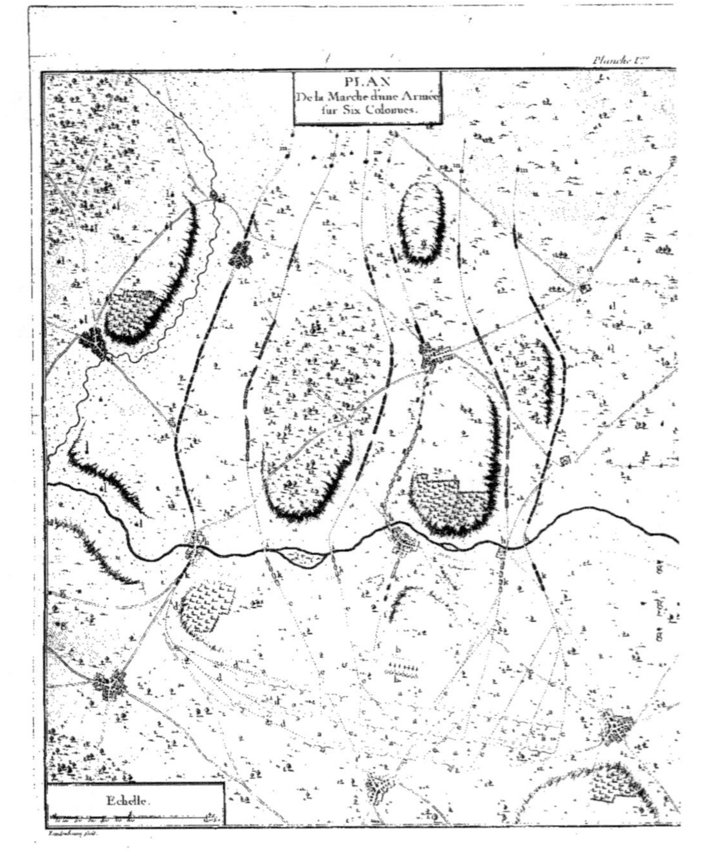
Planche Iere
PLAN
De la Marche d'une Armée
sur Six Colonnes.
Echelle.

EXPLICATION.

de la Planche deuxiéme.

A. Armée en bataille pour fe mettre en marche.

B. Marche de la Cavalerie pour fe mettre en colonne.

C. Marche de l'Infanterie pour fe mettre fur trois colonnes.

D. Colonne de l'Artillerie avec fon efcorte.

E. Equipages de l'Armée.

F. Huffards marchant en avant, & fur les flancs de l'Armée.

G. Marche de l'Infanterie de la Colonne de la droite, pour fe former en bataille, lorfqu'elle eft avertie de l'approche de l'Ennemi.

H. Marche de la Cavalerie pour fe former en bataille fur les aîles de l'Infanterie.

I. Marche de la Cavalerie de la réferve, pour fe former derriere le centre de l'Infanterie.

K. Marche des Avant-gardes des deux Colonnes de la droite, pour s'emparer du Pont & du Village qui fe trouvent fur le flanc de la Cavalerie.

L. Huffards de l'Avant-garde des deux Colonnes fouillant le Bois de la gauche.

M. Marche de l'Infanterie de l'Arriere-garde de la Colonne de la droite, pour s'emparer du Moulin & des Hayes qui fe trouvent fur la hauteur de la droite, & pour couvrir le flanc de la Cavalerie.

N. Marche de l'Artillerie pour fe porter en avant fur la ligne de l'Infanterie.

O. Pofition que les deux Colonnes de la droite ont prife, en attendant que les autres Colonnes foient arrivées, & qu'elles puiffent fe former en ordre de bataille, au cas que l'Ennemi menace d'attaquer.

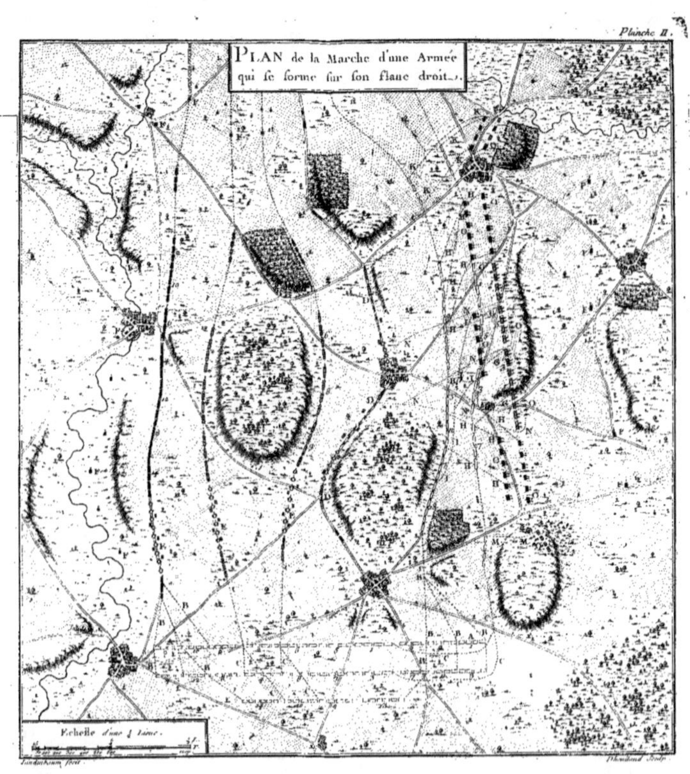

PLAN de la Marche d'une Armée qui se forme sur son flanc droit.
Echelle d'une ½ lieue.

✕✕✕✕✕✕✕✕✕✕✕✕✕✕✕✕✕✕✕✕✕✕✕✕✕✕✕✕✕✕✕✕

EXPLICATION

de la Planche troisiéme.

A. Armée en bataille pour se mettre en marche.

B. Marche de la Cavalerie pour se mettre en Colonnes.

C. Marche de l'Infanterie pour se mettre en Colonnes.

D. Troupes de la réserve formant l'Arriere-garde des Colonnes.

E. Emplacement des équipages s'il en reste à l'Armée.

F. Artillerie distribuée dans les Brigades d'Infanterie.

G. Dragons & Hussards marchant sur les flancs de l'Armée.

H. Hussards de l'Avant-garde du Campement, qui rencontrent l'Avant-garde des Ennemis.

I. Dragons soutenant les Hussards qui sont en avant.

K. Ponts gardés par des Dragons, ou par l'Infanterie des Troupes légeres.

L. Détachement & Campement qui se sont formés en bataille, lorsqu'ils ont été avertis par les Hussards de la marche de l'Ennemi.

M. Marche des Brigades de l'Armée pour se former en bataille, lorsqu'elle est avertie de l'approche de l'Ennemi.

N. Dragons & Hussards, qui après avoir couvert les flancs de l'Armée pendant sa marche, viennent se former en bataille sur les aîles.

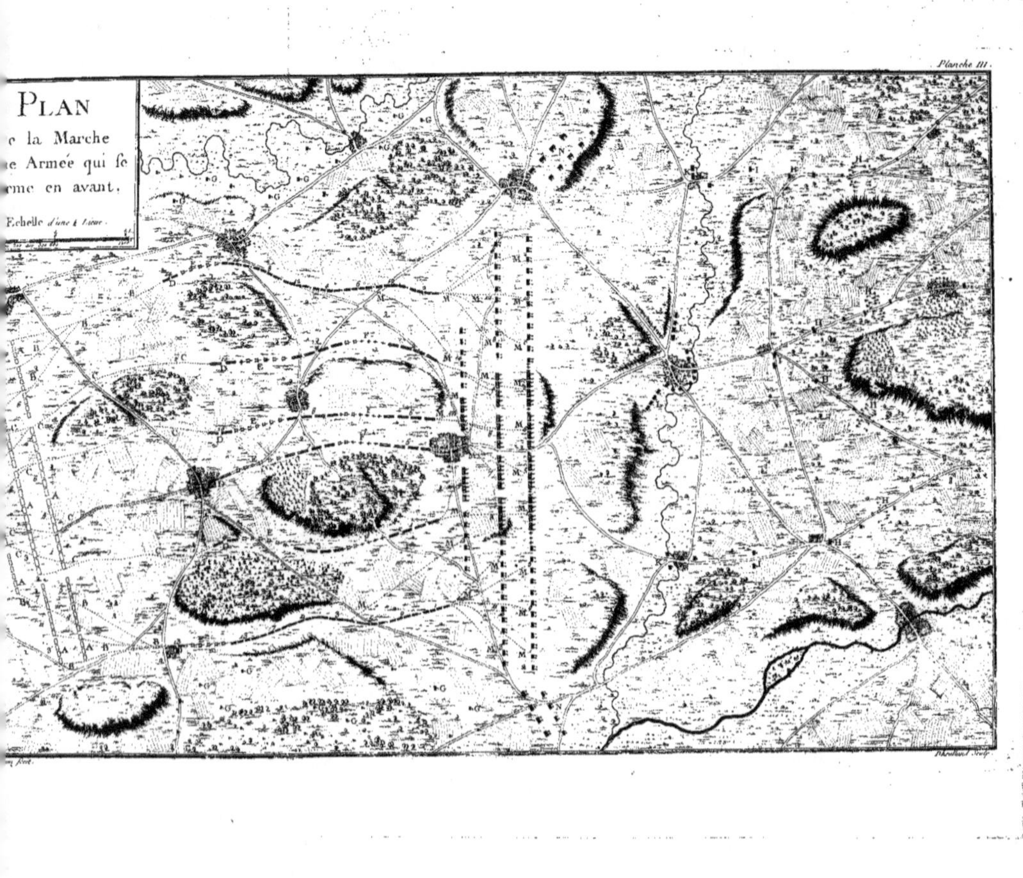

Planche III.
PLAN
e la Marche
e Armée qui se
rme en avant.
Echelle d'une ½ lieue.
P. Rouhard Sculp.

EXPLICATION

de la Planche quatriéme.

A. Armée en bataille devant son Camp, pour se mettre en marche par sa gauche.

B. Terrein où se rassemblent les Troupes qui doivent former l'Avant garde.

C. Terrein où se rassemblent les Troupes qui doivent former l'Arriere-garde.

D. Hussards en avant de l'Armée pour observer l'Ennemi, & pour couvrir les flancs de l'Armée pendant sa marche.

E. L'Armée en marche.

F. Artillerie distribuée dans les Brigades d'Infanterie.

G. Marche & position des Dragons & des Hussards de l'Avant-garde.

H. Marche & position des Troupes de l'Arriere-garde.

I. Hussards dispersés en plusieurs Troupes, pour observer l'Ennemi, & pour couvrir les flancs de l'Armée.

K. Hussards de l'Arriere-garde qui font rompre les Ponts, lorsque l'Armée est passée.

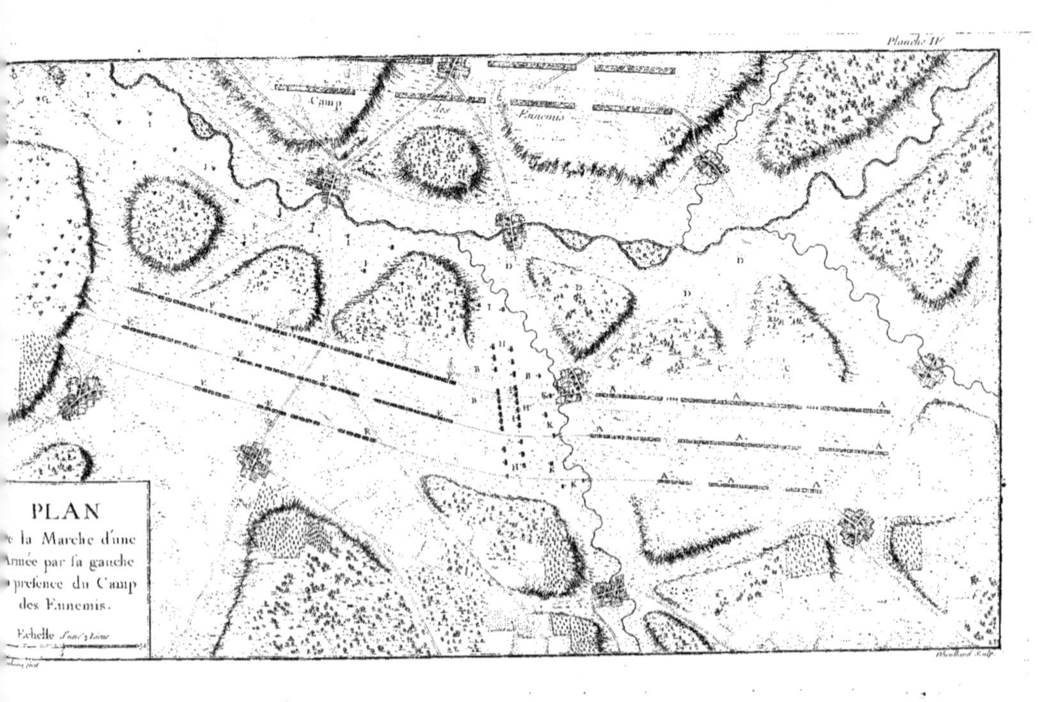

Planche IV
Camp
des
Ennemis
PLAN
de la Marche d'une
Armée par sa gauche
en présence du Camp
des Ennemis.
Echelle d'une ½ Lieue

EXPLICATION

de la Planche cinquiéme.

A. Pofition de l'Armée avant de fe mettre en marche.

B. Troupes d'Huffards faifant l'Avant-garde de l'Armée.

C. Troupes d'Infanterie de l'Avant-garde des Colonnes.

D. Infanterie de l'Armée formant la tête des Colonnes.

E. Artillerie & Chariots d'Artillerie.

F. Bataillons d'Artillerie.

G. Cavalerie.

H. Equipages de l'Armée.

I. Efcorte des Equipages.

K. Corps des Huffards.

L. Corps des Dragons.

M. Infanterie de la réferve faifant l'Arriere-garde de l'Armée.

N. Pelotons d'Infanterie marchant fur les hauteurs pour couvrir les flancs des Colonnes.

O. Villages en avant du Camp que l'Armée doit occuper, dont l'Infanterie des Troupes légeres s'eft emparé.

P. Artillerie & Equipages avec leurs Efcortes en avant du Camp.

Planche 1.
MARCHE d'une Armée dans un Pays de Montagnes.
Lindenbaum fecit
Dheulland Sculp.

✳✳✳✳✳✳✳✳✳✳✳✳✳✳✳✳✳✳✳✳✳✳✳✳✳✳✳✳✳✳✳✳✳✳✳

EXPLICATION

de la Planche sixiéme.

A.   Armée en Bataille.

B.   Cavalerie qui marche quelques pas en avant pour faire place à l'Infanterie.

C.   Infanterie qui par un à-droite vient former la Colonne de la droite.

D.   Infanterie qui par un à-gauche vient former la Colonne de la gauche.

E.   Troupes d'Infanterie qui doivent marcher à la tête des Colonnes de Cavalerie.

F.   Parc de l'Artillerie où se rassemblent les équipages de l'Armée avec leurs escortes.

G.   Marche de l'Infanterie qui se forme en Colonne.

H.   Marche de la Cavalerie qui se forme en Colonne.

I.   Marche de l'Artillerie & des équipages, avec leurs escortes, qui se forment en Colonnes.

K.   L'Armée en marche.

L.   Hussards de l'Avant-garde de l'Armée, suivant les routes qui ont été tracées par les Détachemens envoyés en avant.

M.   Infanterie formant l'Avant-garde des Colonnes.

N.   Petites Troupes d'Infanterie marchant sur les flancs des Colonnes.

O.   Troupes d'Hussards marchant sur les flancs de l'Armée.

P.   Infanterie de la réserve faisant l'Arriere-garde de l'Armée.

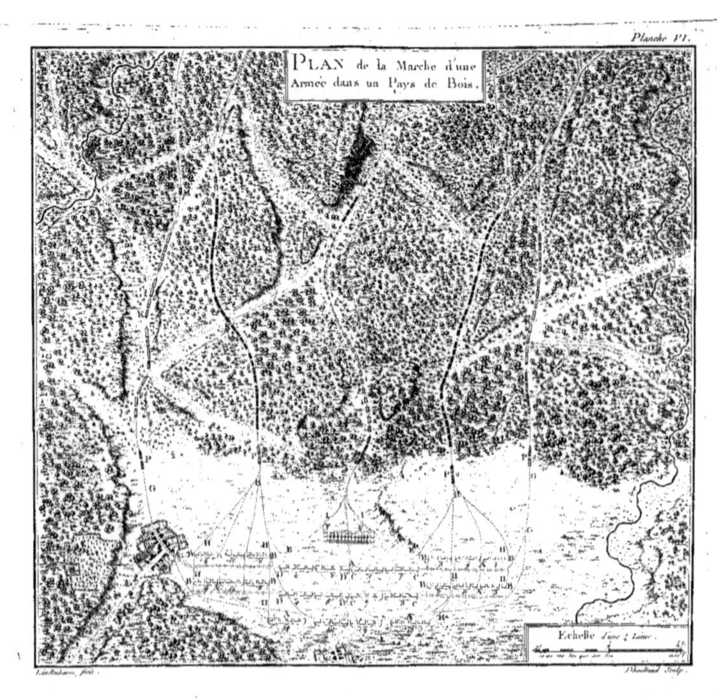

PLAN de la Marche d'une Armée dans un Pays de Bois.
Echelle d'une ½ Lieue.
Linthaum. fecit.
Prevaulieux Sculp.

EXPLICATION

de la Planche septiéme.

A.   Camp du Corps d'Armée.

B.   Camp en avant compofé de Dragons & de Huffards, pour couvrir la droite de l'Armée, pour garder les paffages par où les Ennemis pourroient faire des courfes fur les flancs & fur les derrieres de l'Armée, inquiéter les Convois & couper les communications.

C.   Villages & Ponts gardés par l'Infanterie des Troupes légeres.

D.   Poftes de Dragons à pied en avant de leur Camp.

E.   Pofte de Dragons à cheval pour affurer la communication de leur Camp avec celui de l'Armée.

F.   Ponts faits pour la communication de l'Armée au Camp en avant.

G.   Ponts & Villages gardés par des Détachemens d'Infanterie.

H.   Grandes Gardes de Cavalerie.

I.   Gardes d'Infanterie.

K.   Pont, Village & Moulin gardés par l'Infanterie de l'Armée.

L.   Camp de Dragons & de Huffards couvrant la gauche de l'Armée, & foutenant l'Infanterie des Troupes légeres.

M.   Villages & Ponts gardés par l'Infanterie des Troupes légeres.

N.   Poftes de Dragons à pied en avant, & fur les flancs de leur Camp.

O.   Poftes de Dragons à cheval.

P.   Poftes & Détachement d'Huffards pour faire patrouille en avant, & fur les flancs de l'Armée & de leur Camp.

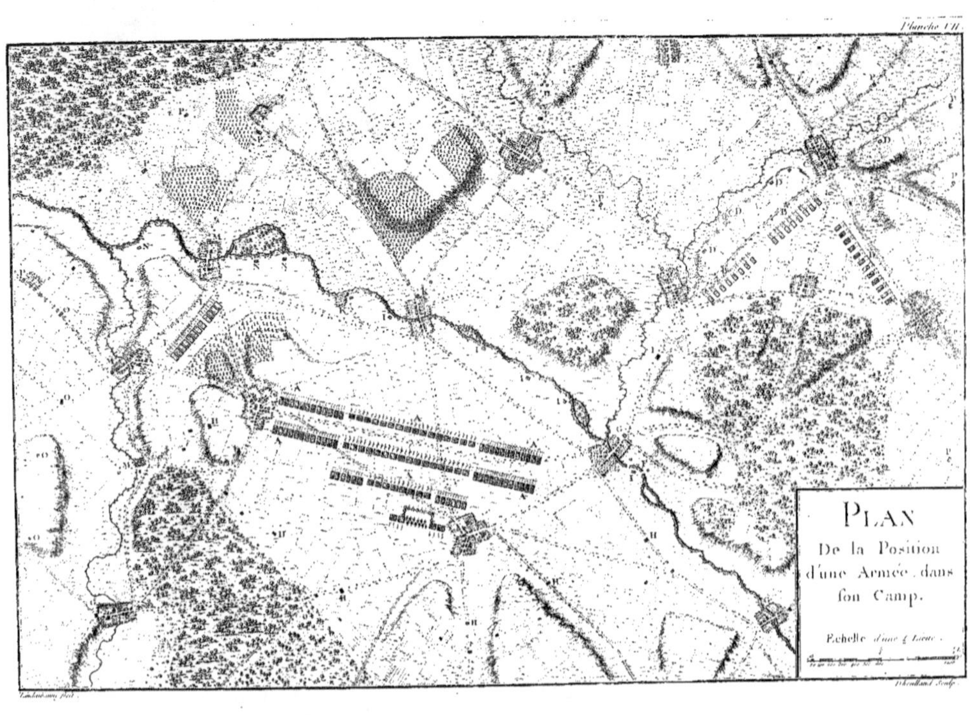

Planche VII.
PLAN
De la Position
d'une Armée, dans
son Camp.
Echelle d'une ¼ Lieue.
Lamboin del.
Thouillard Sculp.

EXPLICATION

de la Planche huitiéme.

A. Camp de l'Armée derriere ſes retranchemens.

B. Camp des Troupes de la réſerve.

C. Camp de Dragons pour aſſurer les derrieres de l'Armée.

D. Camp d'Huſſards pour couvrir le terrein de la droite de l'Armée.

E. Villages & Redoutes gardés par l'Infanterie des Troupes légeres, pour aſſurer le Camp des Huſſards.

F. Ponts conſtruits pour la communication de l'Armée au terrein de ſa droite, & pour favoriſer la retraite des Troupes poſtées de l'autre côté.

G. Brigades d'Artillerie diſtribuées ſur les flancs & le long de l'Armée.

H. Parc de l'Artillerie.

I. Pont retranché pour aſſurer la communication au terrein de la gauche de l'Armée.

K. Villages & Cenſes gardés par des Détachemens d'Huſſards & d'Infanterie des Troupes légeres, pour faire patrouilles en avant de l'Armée.

Planche VIII.

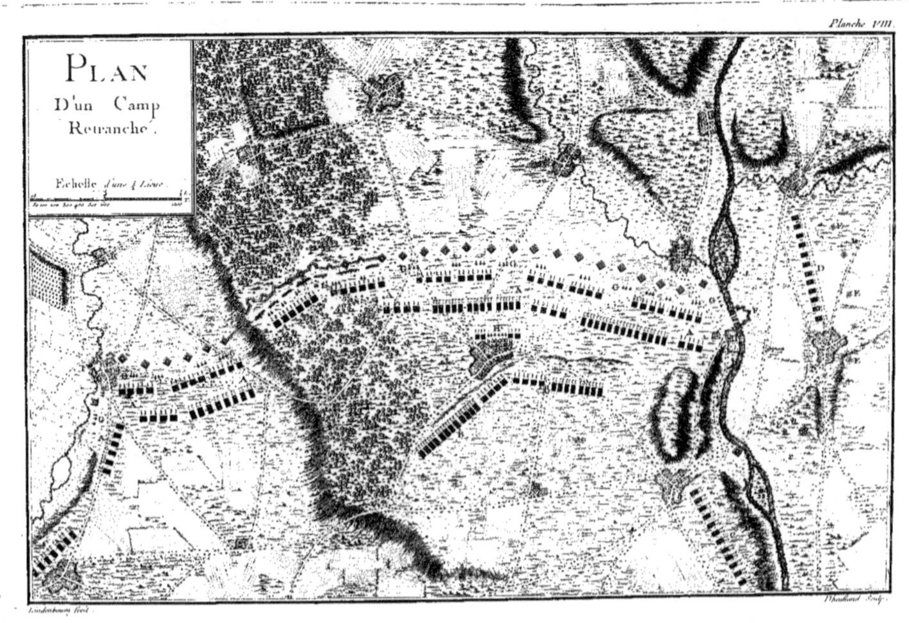
PLAN
D'un Camp
Retranché.
Echelle d'une ¼ Lieue.

EXPLICATION

de la Planche neuviéme.

A. Convoi en marche.

B. Infanterie de l'efcorte du Convoi.

C. Cavalerie de l'efcorte du Convoi.

D. Petites Troupes d'Infanterie & de Cavalerie.

E. Huffards & Dragons de l'Avant & de l'Arriere-garde.

F. Troupes de Dragons marchant fur les flancs du Convoi, pour foutenir les Huffards.

G. Huffards marchant fur les flancs, pour couvrir la marche du Convoi, fouiller le païs, & s'emparer des paffages.

H. Convoi parqué pour fe mettre en défenfe.

I. Terrrein qu'occupent les Chevaux du Convoi, lorfqu'ils font détellés.

K. Pofition de l'Infanterie.

L. Pofition de la Cavalerie.

M. Dragons & Huffards fur les aîles de la Cavalerie.

N. Petites Troupes d'Huffards.

O. Troupes d'Huffards, qui après avoir découvert l'Ennemi, & en avoir fait avertir le Commandant de l'efcorte, fe retirent fur elle.

P. Convoi parqué pour le paffage d'un Pont ou défilé.

Q. Pofition des Troupes de la tête & du centre du Convoi.

R. Pofition des Troupes de l'Arriere-garde du Convoi.

S. Pofition des petites Troupes qui marchent fur les flancs du Convoi.

T. Troupes de Dragons & d'Huffards couvrant le Convoi pendant fon paffage.

V. Troupes d'Huffards pour découvrir & fouiller le païs en avant du Pont ou défilé, avant le paffage du Convoi.

X. Terrein où viennent fe former le Convoi & fon efcorte, lorfqu'il a paffé le Pont pour fe remettre en marche.

Planche IX.
PLAN
la Marche
Convoy.
elle d'une ¼ Lieue.

EXPLICATION

de la Planche dixiéme.

A.   Poftes d'Infanterie.
B.   Poftes de Cavalerie & de Dragons formant la Chaîne.
C.   Troupes de Cavalerie & d'Infanterie en referve.
D.   Troupes d'Huffards formant une Chaîne en avant.
E.   Petites Troupes d'Huffards en avant à la découverte.

PLAN
De la Chaine d'un
Fourage au Verd.
Echelle d'une ¼ Lieue

EXPLICATION

de la Planche onziéme.

A. Villages deftinés pour le Fourrage.
B. Poftes d'Infanterie formant la Chaîne.
C. Poftes de Dragons ou de Cavalerie formant la Chaîne.
D. Troupes de Grenadiers & de Cavalerie en referve.
E. Poftes & Troupes d'Huffards en avant des Troupes qui
     qui forment la Chaîne.

PLAN de la Chaine d'un Fourage au sec.
Planche XI.

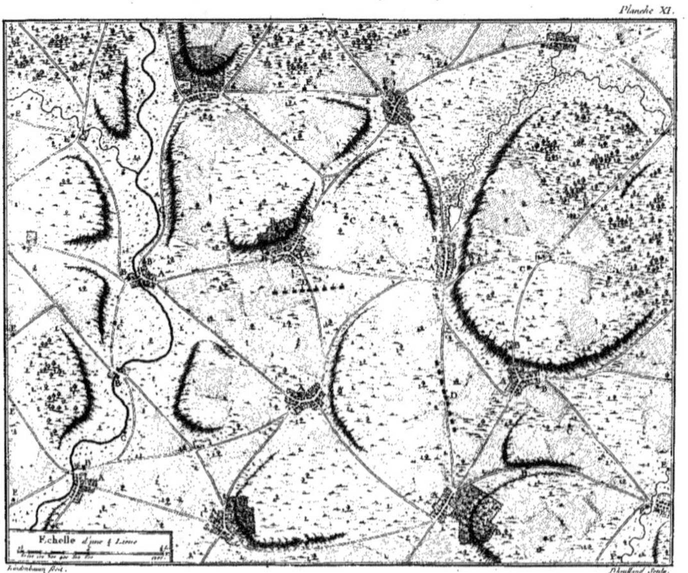
Echelle d'une ½ Lieue

EXPLICATION

de la Planche douziéme.

Fig. 1.

A. Détachement en bataille pour le paſſage du Pont par le centre.

B. Troupes d'Infanterie qui ſe ſont avancées pour s'emparer du Pont, & pour ſoutenir les Dragons qui ſont de l'autre côté, au cas qu'ils ſoient repouſſés par l'Ennemi.

C. Dragons en avant qui détachent des petites Troupes de droite & de gauche, pour fouiller le païs.

D. Arriere-garde faiſant face au païs d'où vient le Détachement.

E. Poſition que prennent les Troupes du Détachement, à meſure qu'elles paſſent le Pont.

Fig. 2.

A. Infanterie formée en Colonne pour forcer le Pont.

B. Piquets d'Infanterie appuyés à la tête de la Colonne.

C. Dragons qui ont mis pied à terre ; pour venir ſe placer en ligne avec les Piquets d'Infanterie.

D. Dragons à cheval, derriere leſquels ſont les chevaux de ceux qui ont mis pied à terre.

E. Colonne forçant le Pont.

F. Piquets & Dragons, qui par leurs feux favoriſent le paſſage de la Colonne.

G. Dragons ſuivant la Colonne à une certaine diſtance pendant qu'elle marche en avant.

H. Terrein où ſe forme en bataille le Détachement, à meſure qu'il paſſe pour marcher en avant.

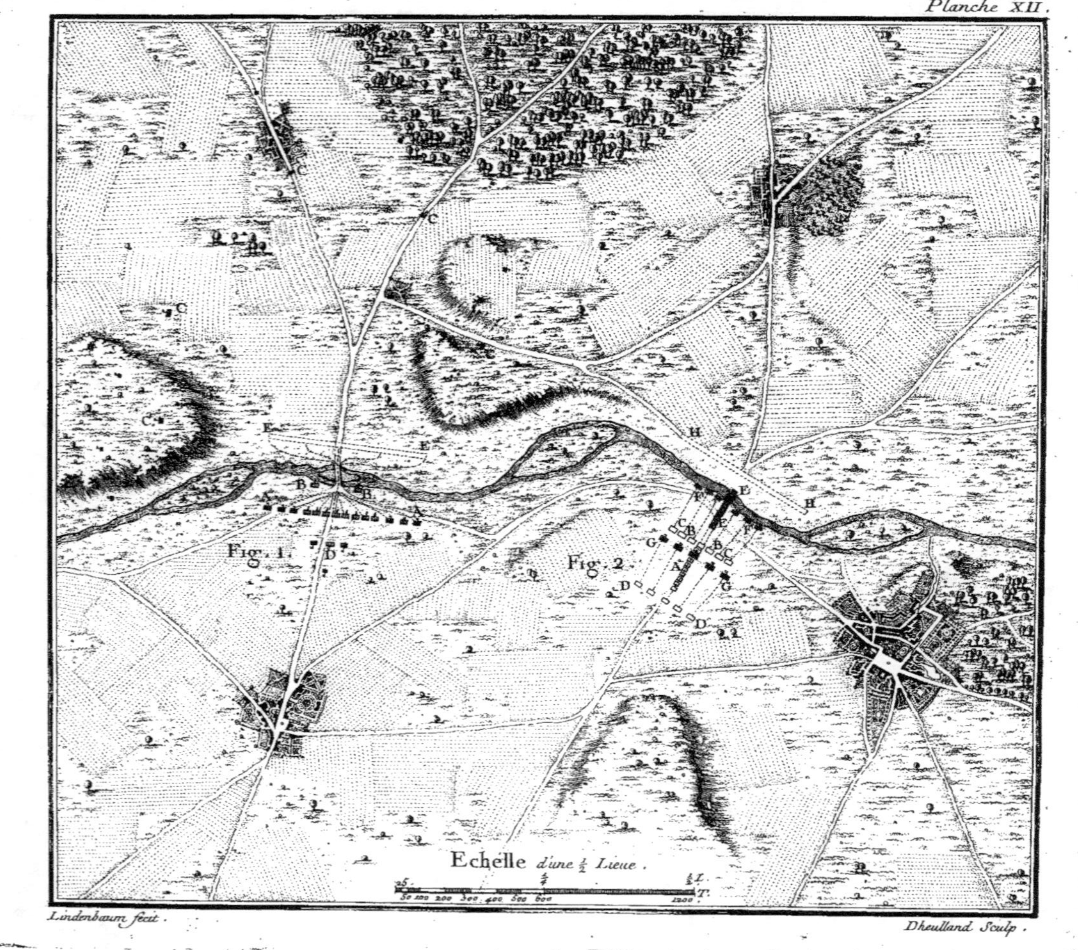

Fig. 1.
Fig. 2
Echelle d'une ½ Lieue.
50 100 200 300 400 500 600 1200
Lindenbaum fecit.
Dheulland Sculp.

EXPLICATION

de la Planche treiziéme.

Fig. 1.

A.   Marche du Détachement en Colonnes par Troupes.

B.   Détachement, qui en faisant marcher la gauche de chaque Troupe se forme en bataille.

B.   Détachement qui se forme en avant sur deux lignes.

Fig. 2.

A.   Détachement en bataille.

B.   Détachement qui se forme en Colonne.

C.   Sections qui se détachent de chaque Troupe pour en couvrir les flancs.

D.   Hussards faisant l'Avant & l'Arriere-garde, & couvrant les Sections de la Cavalerie.

Fig. 3.

A.   Détachement en bataille.

B.   Troupes qui ont marché en avant pour former la premiere Ligne.

C.   Détachement qui s'est formé sur deux Colonnes pour continuer sa marche.

D.   Sections marchant sur les flancs de chaque Troupe.

B.   Hussards de l'Avant & de l'Arriere-garde.

F.   Hussards marchant sur les flancs du Détachement.

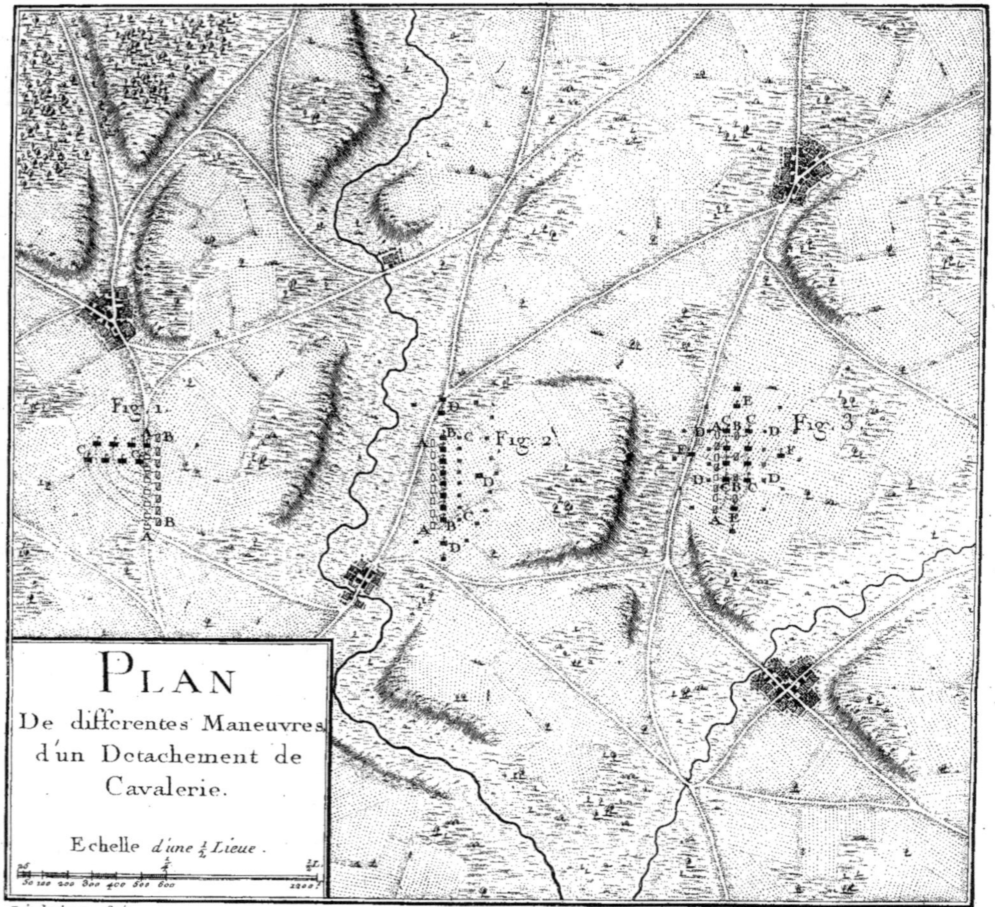

PLAN
De differentes Maneuvres
d'un Detachement de
Cavalerie.

Echelle d'une ½ Lieue.

Fig. 1

Fig. 2

Fig. 3

Lindenbaum fecit.

Dheulland Sculp.

✷✷✷✷✷✷✷✷✷✷✷✷✷✷✷✷✷✷✷✷✷✷✷✷✷✷

EXPLICATION

de la Planche quatorziéme.

Fig. 1.

A.   Détachement en bataille devant le Pont sur lequel il doit passer pour se retirer.

B.   Dragons qui, par un demi-tour à droite ou à gauche par quatre, se retirent une troupe après l'autre pour passer le Pont & mettre pied à terre, pour se porter au point C. & favoriser par leur feu la retraite de l'Infanterie.

D.   Dragons à cheval tenant les chevaux de ceux qui ont mis pied à terre.

E.   Retraite des quatre Troupes de droite & de gauche de l'Infanterie, qui se retirent l'une après l'autre, & qui viennent se former au point F.

G.   Retraite des quatre Troupes du centre qui se retirent l'une après l'autre, protégées par celles qui sont postées de droite & de gauche du Pont, & qui à mesure qu'elles passent, viennent se former en colonne au point H.

Fig. 2.

A.   Dragons qui se retirent, une Troupe après l'autre, & qui après avoir passé, mettent pied à terre, & se postent au point B.

C.   Dragons à cheval tenant les chevaux de ceux qui ont mis pied à terre.

D.   Troupes d'Infanterie qui sont passées après les Dragons, pour se former de droite & de gauche du Pont; & qui par leur feu, & celui des Dragons, favorisent la retraite de la Colonne.

E.   Troupes de Grenadiers & Piquets, formant l'Arriere-garde de la Colonne.

F.   Colonne qui se retire, à mesure que les rangs qui se trouvent en avant ont fait feu en se partageant de droite & de gauche, & viennent se reformer en Colonne au point G.

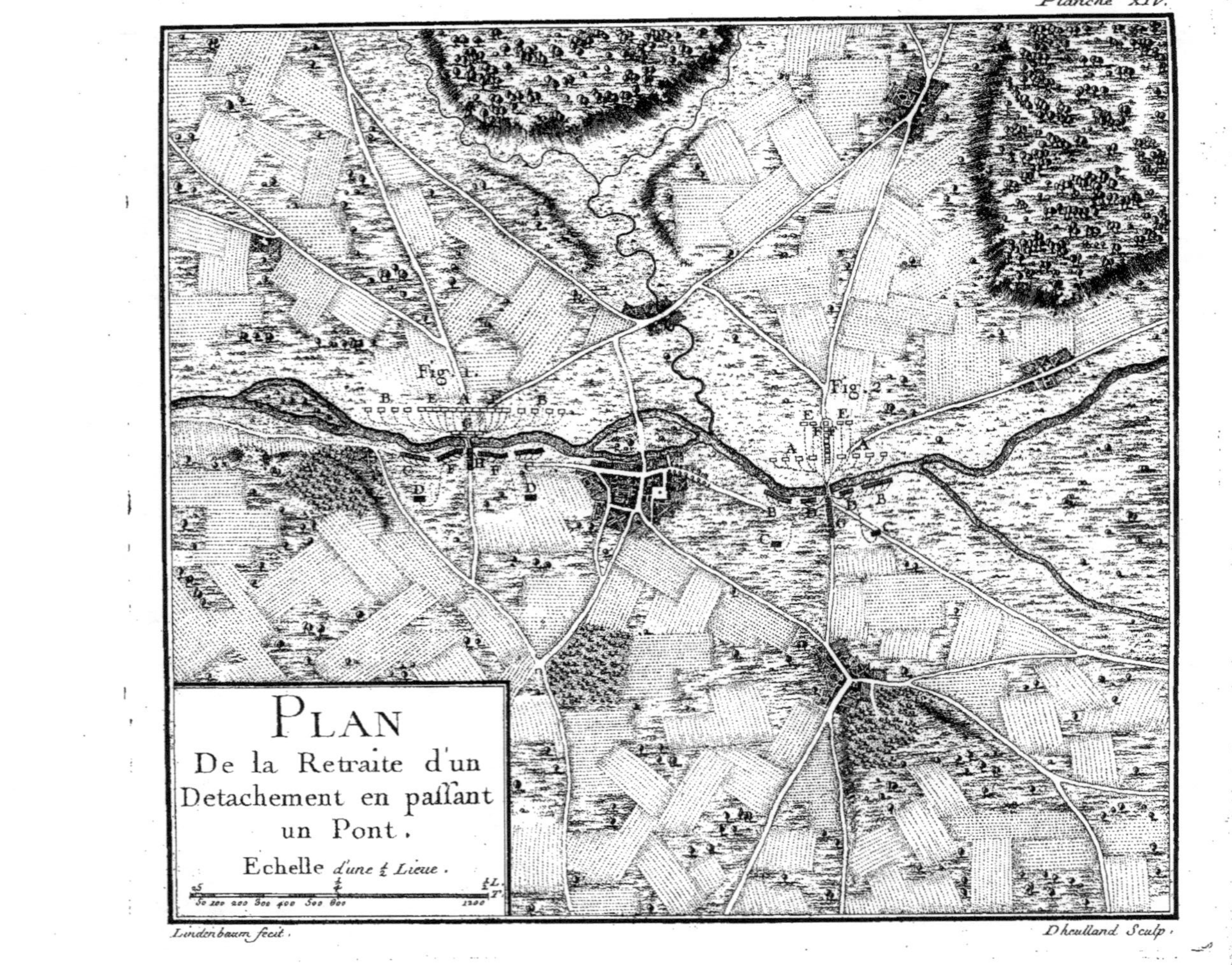

Planche XIV.
Fig. 1.
Fig. 2.
PLAN
De la Retraite d'un
Detachement en paſſant
un Pont.
Echelle d'une ¼ Lieue.
100 200 300 400 500 600   1200
Lindenbaum fecit.
Dheulland Sculp.

EXPLICATION

de la Planche quinziéme.

A. Marche du Convoi & de fon Efcorte.

B. Chemin par où arrivent les Troupes qui doivent attaquer le Convoi.

C. Embufcade des Troupes qui doivent attaquer la tête du Convoi.

D. Embufcade des Troupes qui doivent attaquer le centre, & qui viennent fe former à ce pofte, lorfqu'elles font averties par les Huffardsque la tête du Convoi a paffé.

E. Troupes qui doivent attaquer l'Arriere-garde du Convoi, & qui fe font approchées du Bois, lorfqu'elles ont été averties que l'Arriere-garde du Convoi les avoit dépaffées.

F. Huffards de l'Avant-garde du Convoi reconnoiffant l'embufcade.

G. Troupes qui ont débouché leurs de embufcades, lorfqu'elles ont été découvertes, pour fe former & attaquer la tête du Convoi.

H. Troupes débouchées du Bois pour fe former, & attaquer l'Arriere-garde du Convoi.

I. Troupes qui font débouchées de leurs embufcades, pour fe former, & attaquer le centre du Convoi, lorfqu'elles font averties que la tête & la queue font attaquées.

K. Troupes d'Huffards chargeant & attaquant celles qui font devant elles, & les petites Troupes qui entourent le Convoi.

L. Troupes d'Huffards qui fe font détachées de celle qui attaque la tête & la queue du Convoi pour le tourner, & pour charger les petites Troupes qui font fur le flanc gauche du Convoi.

M. Poftes d'Infanterie & de Dragons qui fe font emparé des Ponts au commencement de l'attaque du Convoi, pour favorifer la retraite des Troupes qui l'attaquent.

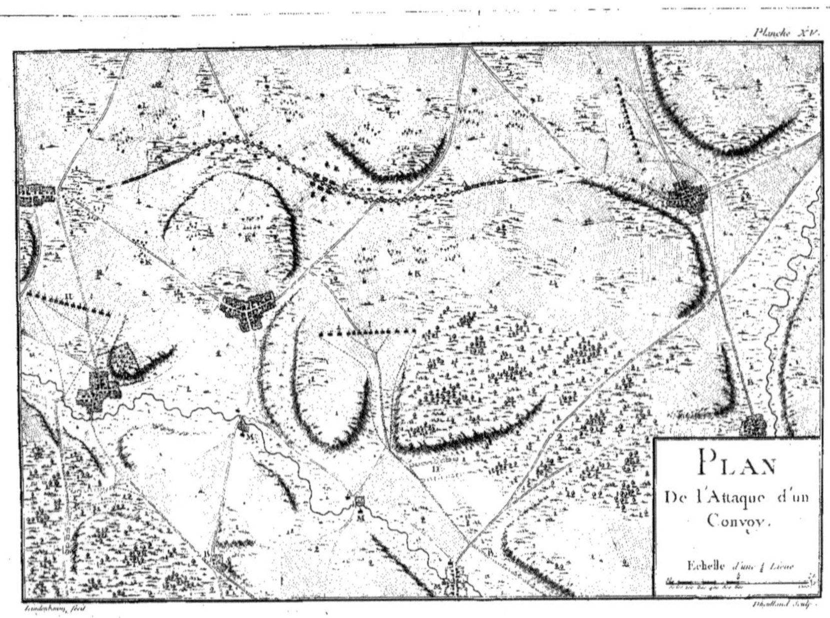

De l'Attaque d'un Convoy.

EXPLICATION

de la Planche seiziéme.

A. Troupes formant la Chaîne du Fourrage.

B. Chemin où se séparent les Troupes pour aller former les embuscades, avant que celles de la Chaîne soient arrivées.

C. Embuscade du Corps d'Hussards qui doit commencer l'attaque.

D. Petites Troupes d'Hussards embusquées derriere le Village, pour
couvrir le gros Corps qui est derriere eux.

E. Corps d'Infanterie embusquée derriere la hauteur.

F. Corps de Cavalerie & de Dragons embusqué pour former la seconde attaque sur la gauche de la Chaîne.

G. Corps de Cavalerie & de Dragons embusqué pour former l'attaque du centre.

H. Troupes d'Hussards embusqués en avant des Corps de Cavalerie,
pour les mettre à couvert des Patrouilles de la Chaîne.

I. Hussards de la Chaîne découvrant les Hussards ennemis embusqués
derriere les Villages.

K. Troupes d'Hussards qui ont repoussé ceux de la Chaîne qui étoient
en avant.

L. Corps de Hussards soutenant les petites Troupes qui sont devant
eux, & qui font un grand bruit de trompette, pour attirer l'attention des Troupes de la Chaîne.

M. Corps de Cavalerie, qui après avoir débouché de son embuscade,
marche pour charger la Chaîne, lorsque les Hussards de sa gauche en ont attaqué la droite.

N. Corps de Cavalerie débouché de son embuscade, marchant pour
charger le centre de la Chaîne, lorsque les deux attaques de
droite & de gauche sont formées.

O. Troupes de Dragons marchant sur les flancs de la Cavalerie, pour
mettre pied à terre & attaquer, au cas que quelque poste d'Infanterie arrêtât la Cavalerie.

P. Hussards repoussant ceux de la Chaîne qui étoient en avant.

Q. Troupes d'Hussards cottoyant le long du Ruisseau, sur la droite
de la Chaîne lorsqu'elle est attaquée, pour trouver un passage,
afin de charger les Fourrageurs par les derrieres, ou sur leur
chemin.

R. Infanterie qui se poste en longeant le Ravin, pour favoriser la retraite de la Cavalerie, au cas qu'elle fût repoussée.

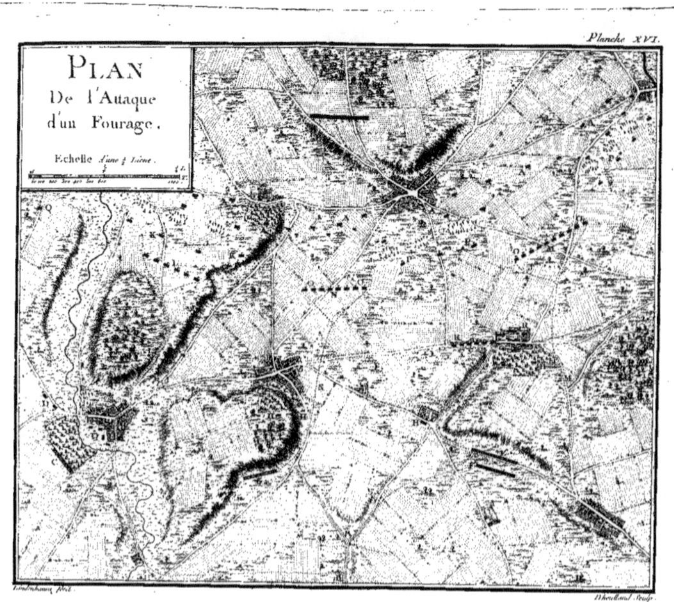
PLAN
De l'Attaque
d'un Fourage.
Echelle d'une ¼ Lieue.
Lindenham fecit.
Bouillard Sculp.

EXPLICATION

de la Planche dix-septiéme.

A.   Camp de l'Armée partagée en trois Corps pour la défenſe de la Riviere.

B.   Camp de Huſſards, Dragons & Infanterie de Troupes légeres ſur les aîles de l'Armée.

C.   Château & Village gardés par l'Infanterie des Troupes légeres.

D.   Ville occupée par de l'Infanterie de l'Armée.

E.   Pont rompu.

F.   Iſles occupées par de l'Infanterie.

G.   Poſtes d'Infanterie diſtribués le long de la Riviere.

H.   Batteries de Canon établies le long de la Riviere.

I.   Poſtes de Cavalerie pour garder la communication d'un Camp à l'autre.

K.   Ponts établis pour la communication des Iſles.

L.   Ponts conſtruits pour la communication des Camps.

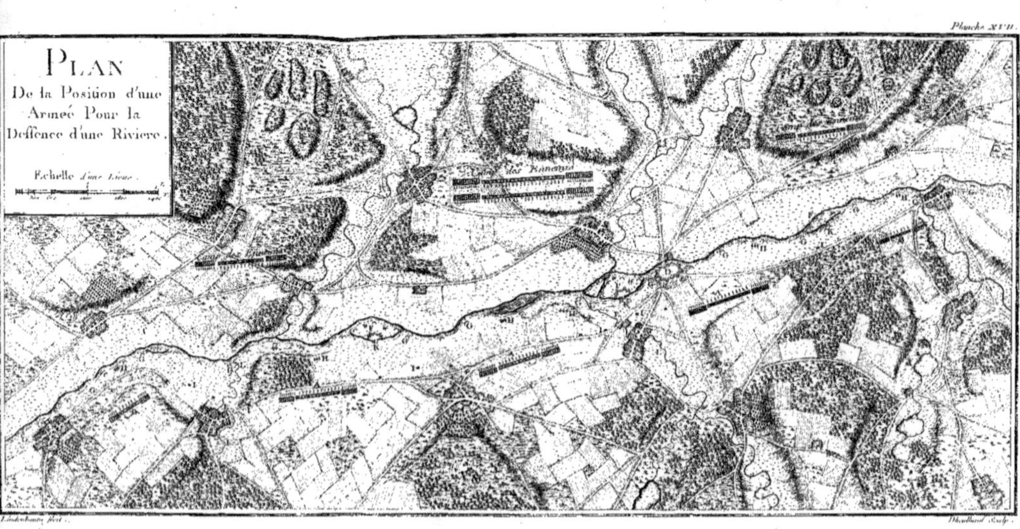

Planche XLVII.
PLAN
De la Position d'une
Armée Pour la
Deffence d'une Riviere.
Echelle d'une Lieue.

EXPLICATION

de la Planche dix-huitiéme.

A. Ponts de Batteaux.

B. Redoutes qui couvrent les Ponts.

C. Batterie pour favorifer l'Infanterie, qui travaille à la conf-
truction des Redoutes.

D. Batterie pour empêcher l'Ennemi d'inquiéter l'Armée
dans fa marche.

E. Marche de l'Armée.

F. Artillerie diftribuée dans les Brigades d'Infanterie.

G. Infanterie qui fe forme en Colonnes, pour déboucher par
les intervalles des Redoutes.

H. Marche des Colonnes en avant des Redoutes, qui font alte,
pour laiffer le tems à une partie de la Cavalarie de fe former fur fes flancs.

I. Batterie pour donner à la Cavalerie la facilité de fe former.

K. Cavalerie, qui en débouchant, fe forme en bataille, & va
fe placer fur les flancs de l'Infanterie.

L. Huit Bataillons en Colonne fur l'aîle droite de l'Armée,
pour aller reconnoître le Village, & y atraquer l'Ennemi au cas qu'il s'en foit emparé.

M. Huffards & Dragons qui fe font emparés de la hauteur qui
eft à l'aîle gauche de l'Armée.

N. Brigade d'Infanterie appuyée à la hauteur couvrant l'aîle
gauche de la Cavalerie.

O. Difpofition de l'Armée, marchant à l'Ennemi.

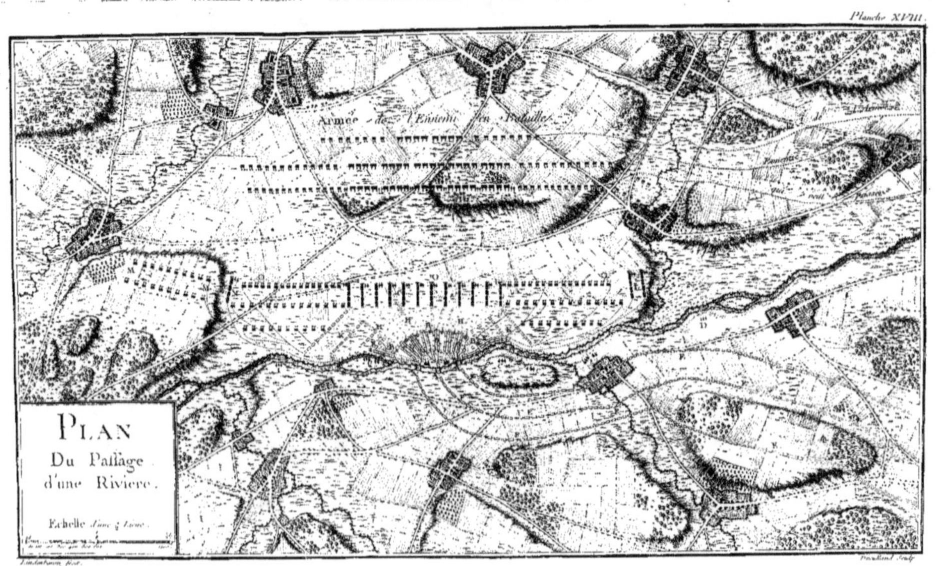
Armée de l'Ennemie en Bataille
PLAN
Du Passage
d'une Riviere.
Echelle d'une ½ lieue.

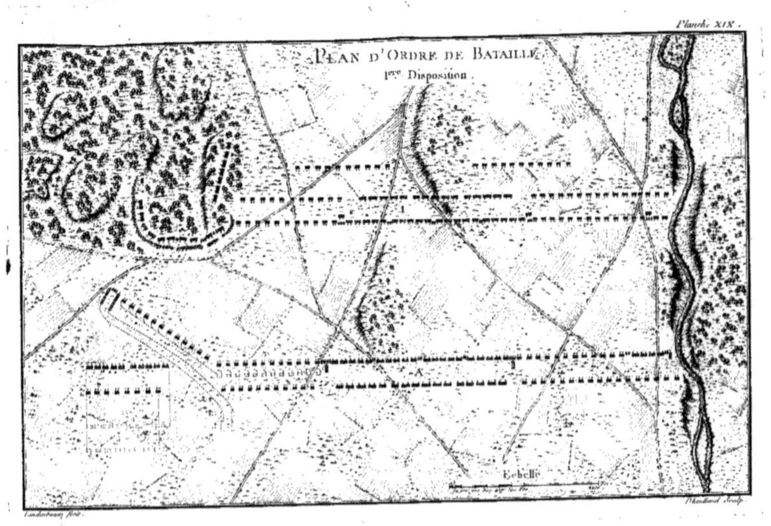

Planche XIX.
PLAN D'ORDRE DE BATAILLE.
1re Disposition.
Echelle

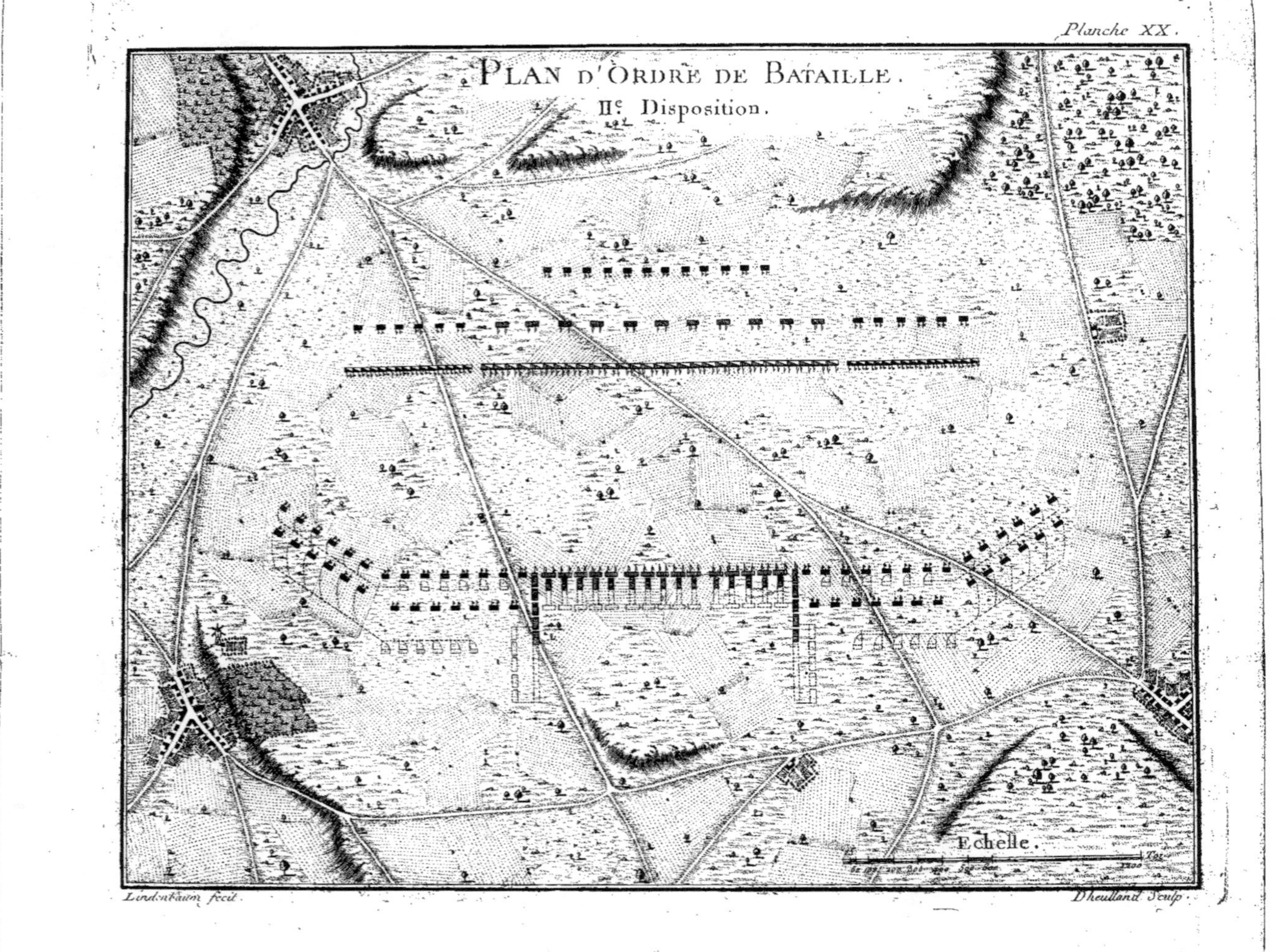
PLAN D'ORDRE DE BATAILLE.
IIe. Disposition.
Echelle.
Lindenbaum fecit.
Dheulland Sculp.

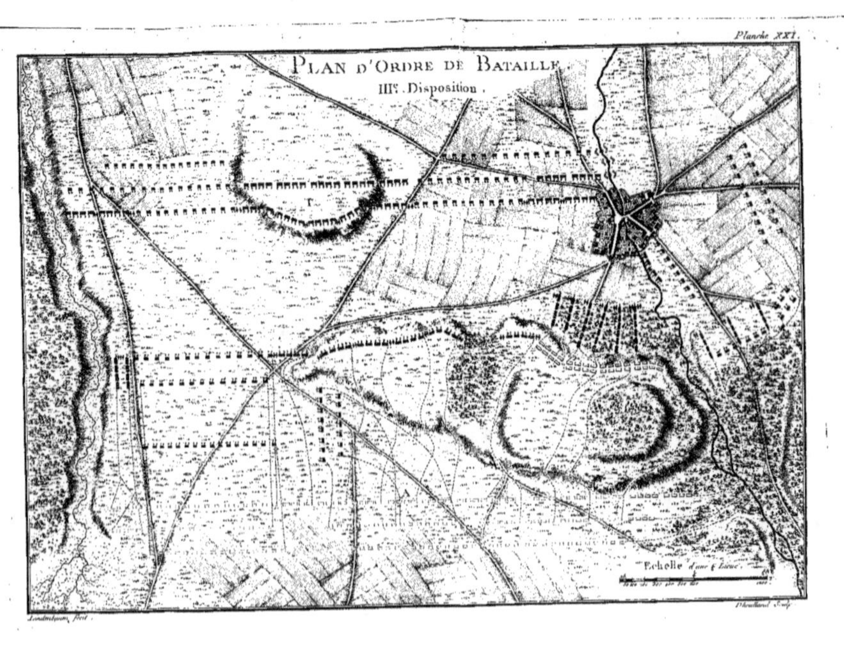

Planche XXI.
Plan d'Ordre de Bataille.
IIIᵉ. Disposition.
Echelle d'une ½ Lieue.
Drouillard Sculp.

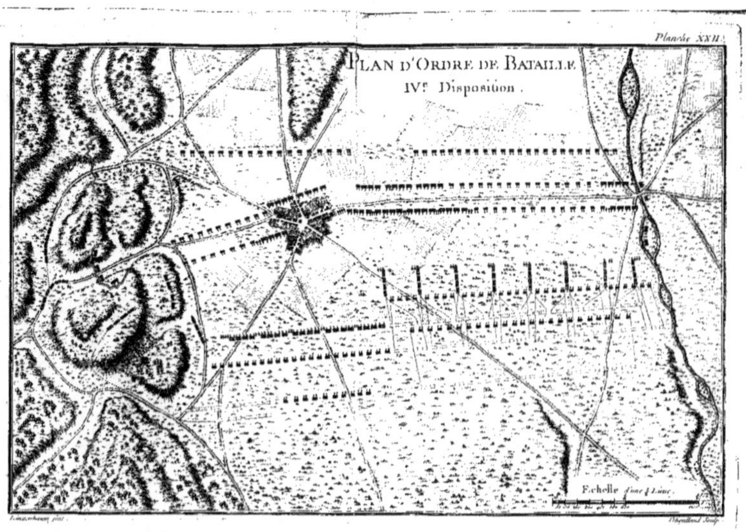

Planche XXII.
PLAN D'ORDRE DE BATAILLE
IVe Disposition.
Echelle d'une Lieue.

EXPLICATION

de la Planche vingt-troiſiéme.

A.   Quartier Général.

B.   Villes & Villages occupés par l'Infanterie & les Huſſards, formant la premiere ligne des Quartiers.

C.   Villages formant la ſeconde ligne des Quartiers, occupés par l'Infanterie & les Dragons.

D.   Villages formant la troiſiéme ligne des Quartiers, occupés par la Cavalerie.

E.   Ponts retranchés pour faire paſſer les Détachemens & les Patrouilles de Huſſards qui vont en avant.

F.   Ponts & Gués rompus.

G.   Château & Redoutes pour aſſurer les Quartiers de la premiere ligne les plus expoſés.

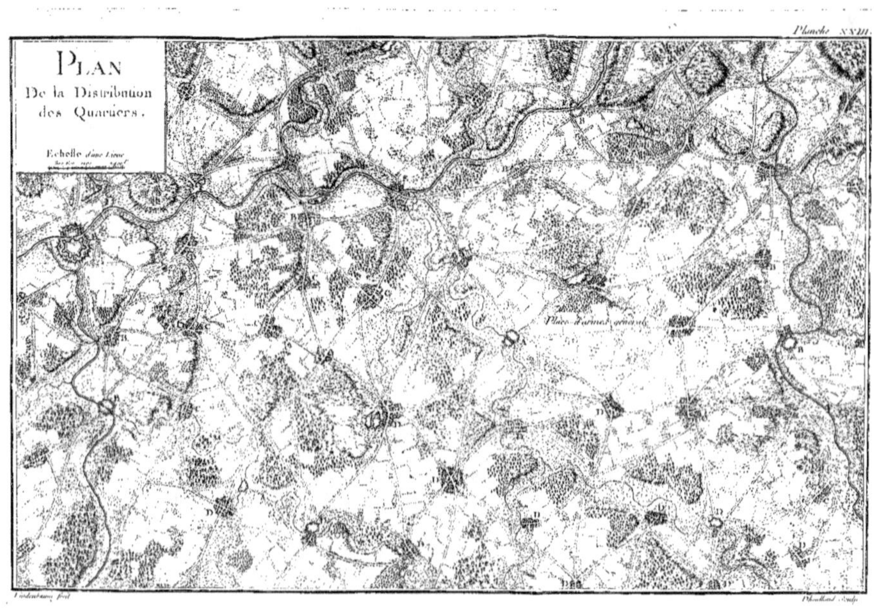
Plan
De la Distribution
des Quartiers.
Echelle d'une Lieue
Place d'armes générale

EXPLICATION

de la Planche vingt-quatriéme.

A. Troupes, qui après avoir marché fur deux Colonnes, fe partagent en fix Corps pour l'attaque des Quartiers.

B. Huffards & Dragons faifant l'Avant-garde de chaque Corps, & qui envoyent des petites Troupes de droite & de gauche pour éclairer leur marche.

C. Avant-garde de Huffards qui attaquent & repouffent toutes les Patrouilles & Poftes avancés que l'Ennemi avoit en avant.

D. Infanterie qui s'empare & garde tous les Ponts qui font fur les derrieres, pour affurer la retraite des Troupes.

E. Huffards & Dragons qui après avoir repouffé tous les Poftes qui étoient en avant, entourent les Quartiers, & empêchent que rien n'en puiffe fortir.

F. Dragons gardant les Ponts par où l'Ennemi pourroit venir au fecours des Quartiers.

G. Infanterie attaquant le front des Quartiers.

H. Infanterie pour attaquer les flancs des Quartiers.

I. Dragons qui ont mis pied à terre pour attaquer les derrieres des Quartiers.

K. Cavalerie obfervant le païs par où l'Ennemi peut venir au fecours, & qui garde la communication d'une attaque à l'autre.

L. Corps-de-garde de la Cavalerie.

M. Patrouilles d'Huffards en avant pour obferver l'Ennemi.

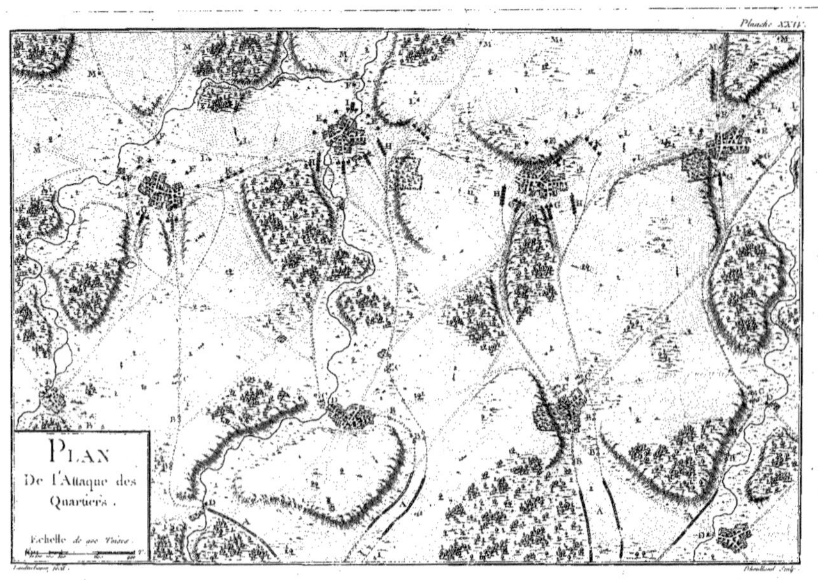

Planche XXIV.
PLAN
De l'Attaque des Quartiers.
Echelle de 900 Toises.

EXPLICATION

de la Planche vingt-cinquiéme.

Fig. 1.

A. Infanterie en Colonne, avec les Grenadiers & les Piquets
sur les flancs de chaque Bataillon.

B. Brigade d'Artillerie.

C. Cavalerie sur deux Lignes.

D. Huffards & Dragons.

E. Infanterie des Troupes Légeres qui couvre les Aîles de
l'Armée.

F. Seconde Ligne de Cavalerie qui marche quelques pas en
avant pour favorifer la retraite de la premiere Ligne.

G. Premiere Ligne de Cavalerie qui fait fa retraite par un
demi-tour à droite, par quatre ou par demi-Compa-
gnie, & qui après avoir marché environ deux cens pas,
par le même mouvement, par la gauche, fait face à
l'Ennemi.

H. Huffards & Dragons qui fe retirent, lorfque les deux
Lignes de Cavalerie ont fait leurs mouvemens.

I. Marche de l'Infanterie des Troupes Légeres qui fe retirent en même-tems que les Huffards & les Dragons,
en couvrant toujours leur flanc.

Fig. 2.

A. Colonnes qui font alte, ou qui marchent lentement pour
donner le tems aux trois autres de doubler & de joindre
leur tête.

B.   Colonnes qui marchent avec vivacité, mais en ordre pour
       gagner la tête de celles sur lesquelles elles doivent dou-
       bler.

C.   Colonne qui se resserre en marchant sur celle du centre,
       pour prendre la distance nécessaire de l'une à l'autre.

D.   Brigade d'Artillerie qui se double en même-tems que la
       Colonne.

E.   Premiere Ligne de Cavalerie qui fait sa retraite par un
       demi-tour à droite, par quatre ou par demi-Compa-
       gnie, en passant par les intervalles de la seconde Ligne.

F.   Moitié de la premiere Ligne qui fait face à l'Ennemi,
       lorsqu'elle a fait environ deux cens pas.

G.   Moitié de la premiere Ligne qui continue à marcher
       deux cens pas; celle de la droite fait à gauche, celle
       de la gauche à droite & va se placer vis-à-vis les in-
       tervalles de la Ligne qui se trouve devant elle.

H.   Seconde Ligne qui fait le même mouvement que la
       premiere, & qui va former la troisiéme.

I.   Moitié de la seconde Ligne qui, en passant par les in-
       tervalles des trois Lignes, va former la quatriéme.

K.   Hussards & Dragons qui font la même manœuvre que
       la Cavalerie, & qui couvrent les flancs de la Cava-
       lerie en se mettant sur quatre Lignes.

L.   Infanterie des Troupes Légeres qui couvrent les Aîles de
       l'Armée, & se retire avec les Hussards & les Dragons.

Fig. 3.

A.   Premiere & seconde Lignes de Cavalerie qui font leur re-
       traite pour passer le défilé.

B.   Colonne du Centre qui passe après les deux premieres
       Lignes de Cavalerie.

C. Brigade d'Artillerie que la Colonne du centre a laissée
    à l'entrée du défilé gardée par des Grenadiers.
D. Piquets placés de droit & de gauche dans le défilé.
E. Colonnes qui se rapprochent l'une de l'autre.
F. Troisiéme & quatriéme Lignes de Cavalerie qui passent
    le défilé après que la Colonne du Centre est entiére-
    ment retirée.
G. Hussards & Dragons qui se sont rapprochés des Colonnes,
    lorsque la Cavalerie a eu passé le défilé.
H. Colonne de la droite qui passe le défilé après la Cavalerie.
I. Dragons qui se retirent, après que la Cavalerie de la droite
    a passé.
K. Colonne de la gauche qui passe après les Dragons.
L. Hussards qui se retirent après que toute l'Infanterie est
    passée.
M. Infanterie des Troupes légeres qui fait l'Arriere-garde des
    Hussards, & qui se joint aux Grenadiers pour faire l'Ar-
    riere-garde de l'Armée.
N. Position de l'Armée après le passage du défilé.
O. Position des Hussards & des Dragons, après qu'ils ont passé
    le défilé.

Fig. 4.

A. Position de l'Armée, avant de passer les Ponts.
B. Premiere & seconde lignes de Cavalerie de droite & de
    gauche, qui se retirent, & qui vont se porter en C.
D. Colonne du centre qui passe sur les deux Ponts, après la
    premiere & seconde lignes de Cavalerie, & qui se porte
    de droite & de gauche avec leur Canon en E.
F. Troisiéme & quatriéme lignes de Cavalerie, qui passent
    sur les deux Ponts, & vont se porter en G.
H. Hussards & Dragons qui se sont rapprochés de l'Infanterie,
    après la retraite de la Cavalerie.

L.   Dragons qui se retirent, passent les deux Ponts, & vont se
         porter en K.
L.   Colonnes d'Infanterie qui se retirent ensemble, & passent
         sur les deux Ponts.
M.   Hussards qui se rapprochent des Redans qui couvrent
         le Pont, à mesure que l'Infanterie se retire, & qui,
         lorsqu'elle est passée, vont se porter en N.
O.   Infanterie de Troupes Légeres qui se retire en même-tems
         que les Hussards, couvre toujours leurs flancs & fait
         leur Arriere-garde, soutenue & protégée par l'Infan-
         terie qui est dans les Redans.

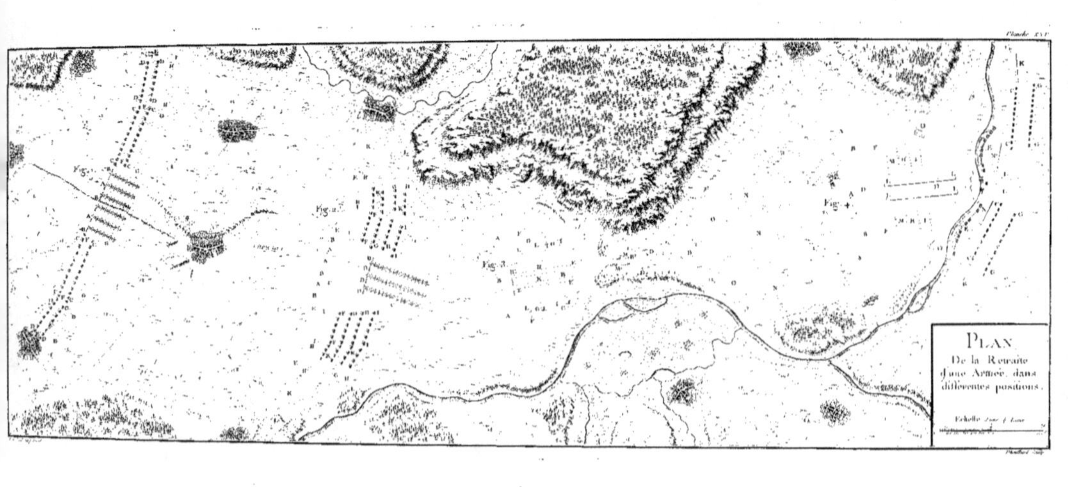

Planche XVI
PLAN
De la Retraite d'une Armée, dans différentes positions.
Echelle d'une ½ lieue
Baulard Sculp.

PRIVILEGE DU ROY.

LOUIS, PAR LA GRACE DE DIEU, ROI DE FRAN-
CE ET DE NAVARRE: A nos amés & féaux Conseillers
les Gens tenans nos Cours de Parlement, Maîtres des Requêtes
ordinaires de notre Hôtel, Grand Conseil, Prevôt de Paris,
Baillifs, Sénéchaux, leurs Lieutenans Civils, & autres nos Jus-
ticiers qu'il appartiendra, SALUT. Notre bien amé *le Comte
TURPIN DE CRISSÉ, Brigadier de nos Armées, &
Mestre de Camp d'un Régiment d'Hussards*, nous a fait exposer
qu'il désireroit faire imprimer & donner au Public un Ouvrage de
sa composition qui a pour titre : *Essai sur l'Art de la Guerre*. S'il
nous plaisoit lui accorder nos Lettres de Privilege pour ce nécessaires. A ces causes, voulant favorablement traiter l'Exposant,
Nous lui avons permis & permettons par ces présentes, de faire
imprimer sondit Ouvrage autant de fois que bon lui semblera,
& de le faire vendre & débiter partout notre Royaume pendant le tems de dix années consécutives, à compter du jour de
la date des Présentes. Faisons défenses à tous Imprimeurs, Libraires, & autres personnes de quelque qualité & condition
qu'elles soient, d'en introduire d'impression étrangere dans aucun lieu de notre obéissance, comme aussi d'imprimer ou faire
imprimer, vendre, faire vendre, débiter ni contrefaire ledit
Ouvrage, ni d'en faire aucun Extrait sous quelque prétexte que
ce puisse être, sans la permission expresse & par écrit dudit Exposant, ou de ceux qui auront droit de lui, à peine de confisca-
tion des Exemplaires contrefaits, de trois mille livres d'amende
contre chacun des contrevenans, dont un tiers à Nous, un tiers
à l'Hôtel-Dieu de Paris, & l'autre tiers audit Exposant, ou à
celui qui aura droit de lui, & de tous dépens, dommages &
intérêts ; à la charge que ces Présentes feront enregistrées tout
au long sur le Registre de la Communauté des Imprimeurs &
Libraires de Paris dans trois mois de la date d'icelles. Que l'impression dudit Ouvrage sera faite dans notre Royaume & non
ailleurs, en bon papier & beaux caractères, conformément à

la feuille imprimée attachée pour modéle sous le contre-scel
des Préfentes ; que l'Impétrant se conformera en tout aux Ré-
glemens de la Librairie, & notamment à celui du 10 Avril
1725 ; qu'avant de l'expofer en vente, le manufcrit qui aura
fervi de copie à l'impreffion dudit Ouvrage fera remis dans le
même état où l'Approbation y aura été donnée, ès mains de
notre très-cher & féal Chevalier Chancelier de France le fieur
de Lamoignon, & qu'il en fera enfuite remis deux Exemplaires
dans notre Bibliotheque publique, un dans celle de notre Château du Louvre, un dans celle de notredit très-cher & féal
Chevalier Chancelier de France le fieur de Lamoignon, & un
dans celle de notre très-cher & féal Chevalier Garde des Sceaux
de France le fieur de Machault, Commandeur de nos Ordres,
le tout à peine de nullité des Préfentes. Du contenu defquelles
vous mandons & enjoignons de faire jouir ledit Expofant & fes
ayans caufe pleinement & paifiblement, fans fouffrir qu'il leur
foit fait aucun trouble ou empêchement. Voulons que la copie
des Préfentes qui fera imprimée tout au long au commencement
ou à la fin dudit Ouvrage, foit tenue pour dûement fignifiée,
& qu'aux copies collationnées par l'un de nos amés & féaux
Confeillers Sécretaires, foi foit ajoutée comme à l'original.
Commandons au premier notre Huiffier ou Sergent fur ce requis de faire pour l'exécution d'icelles tous actes requis & néceffaires, fans demander autre permiffion, & nonobftant cla-
meur de Haro, Charte Normande, & Lettres à ce contraires;
Car tel eft notre plaifir. Donné à Fontainebleau le quatorziéme
jour du mois d'Octobre, l'an de grace mil fept cent cinquante-
quatre, & de notre Regne le quarantiéme. Par le Roi en fon
Confeil, PERRIN.

*Regiftré fur le Regiftre 13. de la Chambre Royale des Libraires & Imprimeurs
de Paris, n°. 421, fol. 328, conformément au Réglement de 1723, qui
fait défenfe, art. 4, à toutes perfonnes de quelque qualité qu'elles foient, autres
que les Libraires & Imprimeurs, de vendre, débiter & faire afficher aucuns Livres pour les vendre en leurs noms, foit qu'ils s'en difent les Auteurs ou autrement, & à la charge de fournir à la fufdite Chambre neuf Exemplaires prefcrits
par l'art. 108. du même Réglement. A Paris le 15 Octobre 1754.*

DIDOT, *Syndic.*